西 彰子・著
(占い師・Acco)

オンライン占いで成功する法

SG Books

はじめに

本書を手に取っていただき、本当にありがとうございます。

この本は、私の処女作、『毎月7万円! 普通の人が副業で「占い師」になる法』の続編として執筆いたします。

2020年5月30日にこの本が出版され、私の人生は大きく変わりました。それまで無名の占い師だった私が、この本を出版することにより、たくさんの占い師さんと接することができるようになりました。これもひとえにお客様をはじめ、私と関わってくださった方々皆様のおかげだと思っております。この場を借りて心から御礼申し上げます。

ところで、私が占い師を始めた頃と今では、占い師という職業が昔と全然違う見方をされるようになりました。占い師さんが活躍するテレビ番組などもどんどん出てきていて、人気占い師さんは芸能人と引けを取らないくらい大人気です。一般的にも、「占い＝怪しい」という概念から、「占いは興味深い学問」という認識が少しずつ浸透していったかのように思います。

アメリカやヨーロッパでは定期的に心のケア「セラピー」を受けることが当たり前になっ

ています。一方、日本人は真面目な人が多いです。さらには我慢することが美徳とされています。そのため、一人ひとりが心理的なストレスを抱えやすい状況があります。

とはいえ、そうした心のケアを受ける考え方、環境が整っているかというと、そうであるとは言えません。ですから、セラピストの代わりがカウンセラーだったり占い師です。なので、日常的に精神的なケアをしてくれる人がこれからどんどん必要になってきます。

また、前回の書籍を出版するときに私が願っていたこと。それは、

「占い師の社会的地位を高めたい」

ということです。そして、それが少しずつ実現していってるように思います。

あなたもご存知のように、コロナショックで人々の価値観は大きく変わってきました。その価値観の変化の一つに、物質よりも精神的なもの、目に見えないものに価値があると思われるようになってきました。

例えば、以前は映画を見るときは、ＤＶＤやビデオテープなどで見ていたと思うのですが、今は、ネットフリックスやAmazonプライムなどのサブスクリプション・サービスでモノがなくても見られる時代です。これまでは大量生産、大量消費で社会を成長させてきました。そのような社会では、たくさんのモノに溢れ、囲まれ、所有することが幸せだったのかもしれません。しかし、昨今はモノを持たないこと、共有するようにもなり、目に

見えないものに人々がフォーカスしてきているのだと思います。

このような背景も相まって占いはこれからもどんどん広がっていくマーケットです。

そして、私が何よりもこだわっていることは、どこかに所属する所属占い師ではなく、自分一人の力でお客様を集客し、占い師として生計を立てていくフリーランス型占い師になることです。なぜなら、所属している会社に手数料をとられることが無くなるので、稼いだ分、自分の収益になります。すると、時間もお金も自由になります。また、お客様も自分に合ったほうを選ぶことができ、ストレスが軽減され、結果として占い師個人の倖せにつながると思います。

今、Web2．0からWeb3．0の時代へ移行しつつあります。これは少し専門的な話になりますが、ブロックチェーンというシステムが当たり前のように使われるようになれば、今はSNSなどで巨大企業側が牛耳っているウェブ事情ですが、これからは個人と個人のやりとりに移行しつつある未来がやってくると私は思っております。

ですので、いかに個人で集客したり営業をかけたり、マーケティングをしていく力がこれから必要になるかというのが成功するか否かのカギだと思います。これは占い業界だけでなくあらゆる業界全体に言えることです。

だから、一人でも多く、これからの未来で稼いでいける占い師さんがこの世から誕生していくことを望みながら、またさらなるステージへと本書を執筆させていただくこととなりました。

他方、前作が出版されてからすぐに、占い師さんを育成する講座などを開催してきました。講座を通して、いろんな占い師さんと接していくなかで、私なりに気づいたことや共通点、思考や傾向などを踏まえつつ、本書に綴っていきたいと思います。

また、本書では、出版するにあたり、20名ほどの占い師さんより、こんなことが知りたいと寄せられたアンケートをもとに目次を作成いたしました。

その他、私自身が最先端のアメリカのウェブマーケティングを学んでいる知識等を折り込み、

【初級】
【中級】
【上級】

とそれぞれの項目にレベルを入れました。ですので、ご自身の状況や段階に合わせて、学んでもらえるかと思います。

とはいえ、私もまだまだ発展途上の占い師です。日々お客様や生徒さんからの学びがあり今があります。そのようなことを踏まえ、ぜひ最後までお読みいただければ倖いです。

あなたとの出会いに感謝いたします。

2023年8月吉日

西　彰子

第4章　お金のやりとりは、どうしたらいいか〈金銭管理について〉……159

第5章　安定した収益を得られる、占い師のためのｗｅｂマーケティング

カバーデザイン・中西啓一（Panix）
本文DTP・河岡 隆（(株)西崎印刷）

第1章

これがないと、必ずつまずく！占い師に必要な覚悟&メンタル

1・占い師のイメージ・社会的信用や世間の目〈初級〉

・占いが好き
・好きなことを仕事にしたい
・自分が占いで救われたように、今度は自分が占いで人を救ってあげたい
・悩んでいる人の力になりたい
占い師になりたいと思った方は、こういった動機が少なからずあります。そして、その動機はとても素晴らしく、優しい方がほとんどです。

一方で、一般の人はどうでしょうか？　おそらく……
・占いは怪しい
・騙してお金を取る人
・洗脳させる
・占いは根拠のないもの
といった考えを持っている方が、少なからずいらっしゃいます。
確かに、これまで、霊能者、宗教などに芸能人がハマり、仕事や人生が破綻する姿を見

た人などは、こういったイメージを持つことは致し方ないのかもしれません。もしくは、新興宗教と占いをまったく同じものとして認知、意識している人もいることでしょう。

ですが、新興宗教と占いは別物です。

新興宗教は一人の人が考えた思想に則《のっと》って信者を集めるシステムでありますが、占いは何千年も前より発祥し、代々受け継がれた学問です。

もちろん、占いにも「命《めい》術・相《そう》術・卜《ぼく》術」と種類があります。ちなみに「命」とは生年月日で占う方法。「相」とは手相や家相、姓名判断など、体や住まい、名前などで占う方法。「卜」は、タロットや易《えき》などカードや筮竹《ぜいちく》といった、道具を使って占う方法です。

そのうえで、好き嫌いはあるかもしれませんが、宗教、新興宗教と占いはまったく別物だということをここでお伝えしておきたいと思います。

実際に占い師に占ってもらった方は、とても心が楽になったとか、明日から頑張ろうという気持ちになった、という方が大半です。

ほんの一握りの人が行った悪いことにフォーカスされ、「占いは悪」というイメージが染み付いている方がいるかもしれません。

しかし、私は占いに携わる方々は悪どいどころか、むしろお人好し過ぎるくらいだと思います。

私はこれまで数々の占い師の卵さんたちにお会いしてきました。そして、彼ら、彼女らに共通していたのは、心が優し過ぎることでした。場合によっては、適切な形で占いを提供しているにも関わらず、本来受け取るべき対価ですら拒んでしまっていたのです。

それは「占いでお金をいただくことは、なんだか悪い気がする」「自分なんかが占いでお金をいただけない」といった思い込みでしたり、あるいは「お金が減ることは相手にとってツラくて苦しいこと」と思い込んでいて、それに対して気に病んでしまい、罪悪感を持っていたりもします。

これは間違った思い込みや誤解もあるのですが、前提として占い師を志す方はとても心根が素直で優しい方が多いのです。

ですから、こうした点も踏まえて、占い師になることに足踏みをしている方がいらっしゃるのだということに気づかされました。

また、こうした罪悪感とは別に世間のイメージと実際の占いの仕事のギャップに苦しんで足踏みしている方もいらっしゃいます。

例えば、息子がお母さんは占い師っていうのが恥ずかしい、公務員をしている娘が、母が占い師になると聞いて少し親子の仲が悪くなった、などを実際耳にしたことは確かです。しかしながら、この考えは私は古いと思っております。今やテレビ番組などで占い師さんたちがたくさん活躍していますし、芸能人と引けを取らないくらい大人気です。

西洋占星術では、２０２０年より「風の時代」が始まったと伝えられています。これは「物質的な価値」から「目に見えないものへの価値」が広がっていっているからです。なので、目に見えないものでも価値を重んじるという人々はもっと増えていくことでしょう。

それを踏まえて、私の占いの師匠が言っていました。

「ファーストクラス・トークと、エコノミークラス・トークの違い」というものです。例えば、飛行機のエコノミークラスに乗って隣の人と仕事の話になったとします。そこで、「自分は占いを教えている」と話をしました。すると、相手の反応は「それって当たるんですか？」とか「それってなんだか怪しいですね」といった内容に終始してしまいます。

一方、ファーストクラスに乗り、同じような状況に出くわし、「自分は占いを教えてます」と答えると、次のような反応になります。それは「そのお仕事、すばらしいですね。もっと詳しく聞かせてください」というもの。もちろん、ファーストクラスに乗るような収入が高い方、あるいは成功している方は相手への気配りに長《た》けていて、そのように話を振れるのかもしれません。

　しかし、この話の本質は社会的に成功している方であればあるほど、見えない世界の重要さ、占いが持っている英知を深く理解されており、実際にご自身のビジネスなどに活用されているのです。

　また、歴史を紐解けば、占い師が国家公務員として活躍していた時代もあります。現在、国家公務員として働いているとなると、社会的な信用はとても高いものですよね。というのも、国家のトップにいる人たちは国を動かす選択を行います。そして、かつての占い師たちはその重たい決断をサポートしたり、助言していたのです。そうした側面から、占い師は社会的に重要な立ち位置を占めていました。今でも少なからず、国家のトップにいる人たちは、表立っては伝えませんが、占いを使っています。

　ここで、私が言いたいことは、占いの価値を理解できる人たちは、過去から現在、あるいは世界を見渡しても、素晴らしい感性を持ち合わせている人々だと言えるのです。そして、本書を手に取っているあなたもそうでしょう。ですから、占い師としての仕事に誇りと自信を持ってください。

　また、人には自分が知らないことを恐れたり、攻撃してしまう心理があります。占い師に対してネガティブなイメージを持っている人は、きっと占いのことをよく知らないのでしょう。見方を変えれば、その方の周囲に教えてくれる方、親しみやすい環境がなかっただけなのかもしれませんね。

占いにもいろいろあります。おそらく、勉強熱心な方は、命術《めいじゅつ》等は生年月日から統計学や天文学が入っており立派な学問であることをご存知のことでしょう。こういった素晴らしい知恵を日々の暮らしに活用するだけでも本当に願いが叶ったり、人間関係が円滑になったり、大難を小難に、小難を無難にすることができます。お客さんはもちろんのこと、占いに携わる私たちこそ、その恩恵を得られますし、私自身何よりそのことを実感しています。

２・占い師に向いている人・向いていない人

◎占いが好き

まず、占い師に向いている人に多い傾向は、占いが好きということ。そもそも、占いが嫌いな人は占いに興味を持たないかもしれないですし、仮に最初興味がなくとも、ご縁があって占いの世界に入り、次第に占いの奥深さに感銘を受け、占いが大好きになった方もいらっしゃいます。

これからの時代は、苦しんでお金のために我慢して働くという時代ではなく、好きなことを仕事にして、できるだけストレスが少ない仕事をすることが時代に合っている働き方といえます。

好き＝天職という感じでしょうか。

私自身も、占いが大好きで四六時中、占いのことを考えています。ずっと占いのことを考えているからこそ、いろいろ発見があったり、気づきがあったり、勉強しても苦ではないのです。

占い師は勉強をずっと続けないといけないお仕事ですので、そのときに占いが好きではなかったら当然、途中で挫折してしまうでしょう。一方で、占い師になりたいという方のなかには、今流行っているからとか在庫を抱えなくて稼げそうだからという考え方の人もいます。しかし、そのような動機で占い師になる方は間違いなくつまずいてしまい、長期的にはうまくいかないでしょう。もちろん、最初のきっかけは何であれ、次第に占いが好きになっていくことは大事な一つの要素だなと思います。

◎与えることが自然にできる人

これは、私が占い師さん向けにマーケティング講座を開催している生徒さんのなかには、たくさんのお客様に慕われ、鑑定や講座の依頼が絶えない方がいらっしゃいます。その方たちの共通点は、与えることを躊躇《ちゅうちょ》なく、普通にできる人なんです。

なかにはパソコン等が苦手で、なかなか配信活動が進まない方などもいらっしゃいますが、そんな方でもお客さんは絶えないのです。なぜかというと、人に与えることを自然とできているから。

例えばサービス内容以上にノウハウや情報を提供したり、必要なくてもお祝いの品をお送りしたり、ＳＮＳなどで発信する場合もコメント等が来たときにお客様でなくても丁寧にお返事をしたり。こういった一つひとつの積み重ねが良い波動を生み、この人に占いを占ってもらいたい、もしくはこの人から占いを学びたいという気持ちにさせるのだと思います。

◎人を思いやる気持ちがある人

もちろん、当たり前のことではありますが、自己中心的な人は占い師としてもなかなか稼げない傾向にあります。お客様のことを考えるのではなく、自分が稼ぎたいから、自分が儲けたいから。こういった方は、なんとなくでもお客様に伝わってしまいます。

この思いやりの気持ちとは、簡単に言えば礼儀に通ずると思っています。例えば、ちょっとしたことですが、LINEなどで既読スルーをしたり、お返事を返すのがすごく遅かったり。私のマーケティング講座の生徒さんでも、やはり結果が出ている方はどんなに忙しくても、LINEを3時間以内に返信したり、もし返信が遅くなったときは、「今日はスケジュールが詰まっていて、少し返信が遅れます」など相手への敬意を払われる傾向にあります。ちょっとした節々での礼儀が乏しい方は、当然稼ぐことはできないでしょう。

だからこそ、思いやりがある＝礼儀正しい人だと言えるでしょう。これは年齢にまったく関係ありません。相手のことを思いやることができるかどうか、これは稼げる人と稼げない人の違いでもあり、占い師に向いている向いていないの違いでもあると思います。

ちなみに、こうした礼儀については、科学的な研究もあります。

『シンク・シビリティ「礼儀正しさ」こそ最強の生存戦略』の著者であるクリスティーン・ポラス氏は20年以上の科学的な研究の結果「無礼さが人生に悪い影響を与える」ことを明らかにしました。

反対に、無礼は、人間関係にも生産性にも健康にも大きな悪影響を与えます。

そして、当然かもしれませんが、お金持ちや長期的に成功している人は礼儀正しい人が多いです。それはなぜかというと「チャンスを得やすい」からです。そもそも、無礼な人とはプライベートでも仕事でもできれば関わりたくないと思うでしょう。例えば、いくら仕事ができる人であっても、無礼な人にはあまり頼りたくありませんよね。

逆に、礼儀正しく親切な人の元にはたくさんの人が集まってきます。礼儀正しい人の周囲にいると、いい気分になるからです。「礼節も伝染する」ということですね。礼儀正しく親切な人は、プライベートでも仕事でも、声をかけてもらいやすいでしょう。すると、チャンスが巡ってきやすくなります。

占い師に置き換えて考えれば、いかに占いの知識や技術が長けていたとしても、それだけでは伸び悩んでしまいます。もちろん、知識や技術も大事ですが、それ以前に大事なのは「礼儀正しく、親切な人」であることです。

なぜなら、占いは人と人の関わりだからです。であれば、気配り、優しさ、思いやりは欠かせません。ですから、長期的に売れ続ける占い師として活躍していきたいのであれば、「礼儀正しく、親切な人」であることを心がけたほうが良いでしょう。

3・覚悟と勇気

「覚悟と勇気」というワードを聞くと、また精神論ですか？　と思う方もいらっしゃるかもしれません。

私もむやみやたらに、精神論を語りたいつもりではなく、やはり結果が出ている占い師さんにはこの二つのワードが共通点として見受けられます。もちろん、副業で占い師になることは第一段階としてリスクヘッジをするうえですごくいいと思います。そして、副業占い師さんが悪いわけではありません。

しかしながら、やはり結果が出ているほとんどの方が専業占い師さんという事実も明らかにあるのです。なぜかというと、その違いはやはり「勇気と覚悟」でしょう。

もちろん、副業でされる場合は、時間や労力など本業の方に比べると占い師として活動が狭くなると思います。確かに、今している仕事を辞めて、占い師一本にするのは、かなりの勇気がいると思います。

「占い師一本にしたものの、生活していけるのだろうか？」

「お客さんはちゃんと付くのだろうか？」

といったことは必ず誰しも抱く「不安や恐怖」だと思います。もちろん、そのような気持ちや感情になることもよく理解できます。しかし、この不安や恐怖に打ち克つ最良の薬は「勇気と覚悟」です。

この勇気と覚悟は、私が占い師になるとき、持っていたモットーです。占い師として、ずっとやっていくということです。前述でも申し上げましたが、占い師になることによって、世間の目というものは必ずあります。例えば、過去、セミナーや異業種交流会などで、「私は占い師です」と自己紹介をした際に、

「占いって職業でやっていけるんですか？」

「占い師って稼げるんですか？」

といったことを言ってこられる方がたくさんいらっしゃいました。世間の目は『占い師は稼げない』というイメージがあるんですね。

それを織り込んででも、占い師になる勇気があるか。そしてその覚悟があるかどうかです。勇気と覚悟がない人はすぐに「私は占い師に向いてないかも」という感じで諦めモードになってしまいます。

あなたも必ず占い師として結果を出すことは可能です。ですが、そこに欠かせないのは

「どんなことがあってもあきらめない自分」を作ることです。そんな自分を支えたり、原動力として動かしてくれるのが勇気と覚悟です。

例えば、私は占いのマーケティング講座では、ＳＮＳの投稿をするよう、まず最初に指導します。そのときに勇気と覚悟がある人は、たとえパソコンが苦手、デザインが苦手でも挑戦し、必ず形にしていきます。このＳＮＳの発信はこのご時世、必要不可欠な活動です。

ですので、ここで勇気と覚悟がないと、めんどくさいからとか、時間がないからとか、私はスマホ、機械が苦手だから、という理由で配信活動ができなくなります。

ご年齢で苦手得意を判断するのは失礼かもしれませんが、年齢が上がるほど、先ほどのような傾向が見受けられます。

しかし、私の生徒さんでは、60代の方でもInstagramを使いこなしたり、ＬＩＮＥ公式アカウントを使いこなせるようになられます。

最初は「私はパソコンが苦手です」や「ＳＮＳを使ったことがありません」といった方がほとんどです。ですが、勇気と覚悟があるからこそ、なんとか形にしていき、そこからお客さんを集められていらっしゃいます。そして、結果を出されているのです。なので、年齢、経験、得意不得意はまったく関係ないのです。実際、私はそうした占い師さんたちを見ています。

少し、スピリチュアルな内容になるかもしれませんが、人は「こうなる！」と周りに意思表示したところで潜在能力に落とし込み、その目標に向かって努力する習慣が身につき、その結果、願いが叶うようなシステムになっています。

「私なんてできない」と思っている限りは宇宙や神様もサポートしてくれません。

世の中に、できないことなんてないのです。自分にベクトルが向いていると、生計が成り立つのかや、世間体を気にします。結果、不安や恐怖に苛《さいな》まれて、一歩が踏み出せなかったりします。しかし、お客さんと本気で向き合い、その方の人生をより良いものにしたいと覚悟を持つ人は、自分ではなく相手にベクトルが向いているのです。

もしあなたがお客さんなら、どちらの占い師から受けたいと思うでしょうか？　きっと答えは明らかでしょう。だからこそ、勇気と覚悟が必要なのです。この本を読んでいるあなたにも必ず、夢を実現させる力があると私は信じています。

4・完璧主義は苦しむ

さて、占いをある程度学び、友人知人について占えるようになってきたら、あなたも占い師として、発信や鑑定を始めてみることをお勧めします。

しかし、これまで多くの占い師志望のお客様とお話ししてきましたが、「占いを98％当てることができるようになるまで占い師デビューはできない」「占い師になって稼げるようになるか心配で、一歩踏み出せない」というお声をたくさん聞いてきました。「全部理解してから実践したい」というお気持ちはもちろんわかります。

かつて私が占い師に憧れていた頃、デビューに際して不安がなかったかというと、それは嘘になります。

でも、完璧を求めすぎると、成長することはおろか、舞台にすら立つことはできなく、その人自身もとても苦しんでしまうのを今まで見てきましたし、私自身も経験してきました。自分が完璧主義と気づかずに、一歩が踏み出せない方もいらっしゃるかと思いますので、完璧主義について、特徴や克服方法をお伝えしたいと思います。

まずは完璧主義者の方というのは、どんな人なのでしょうか？

◎短所は、

・理想が高い人
・とりあえずやってみるが、なかなかできない
・完璧さを追求してしまって、いつも自分を追い詰めてしまう
・頑張れない自分を許せない
・失敗を恐れすぎている
・他人からの評価がやたらと気になる
・自分を追い詰めている
・相手に対しても不満を感じやすい
・柔軟性がない
・視野が狭くなる
・完成が遅い

◎長所は、

・仕事の精度が高い

・責任感が強い
・信頼を裏切らない
――などが挙げられます。

とはいえ、完璧主義を止めると、どういいことが起こるのかというと――

①完璧主義を止めることができれば、完璧でなければならないというプレッシャーから解放されるので、のびのびと行動できるようになる

義務感の解放で幸福度が上がるんですね。この本を読まれている方の中にも○○すべきとか○○をしなければならないという考えを持っている方がいらっしゃると思うので、この解放ができれば、すごく大きいです。

②人間関係が良好になります

完璧主義がなくなると、自分自身のあらゆる行動が今まで気になっていたことが気にならなくなるので、他人に対しても許せるようになります。

③生産性が確実に上がります

私はほぼ毎日、ＳＮＳやブログ、講座のテキストづくりやオンラインサロンのイベントを企画、告知をしたりしています。

他にも、15個ほどの発信ツールを持って、占いビジネスを進めているんですね。ですが、すべてのことに完璧さを求めてしてしまうと、まったく終わらないんですよ。完璧主義を解放すると、いろいろな考えを受け入れられるようになり、環境にうまく適応できるようになります。結果として、生産性が格段に上がります。

《完璧主義を直す方法》

①何かを見るときに減点方式ではなく、加点方式で見るということ

これ結構やりがちな間違いなのですが、ないものとか自分自身のできていない部分に目を向けがちなんですね。そうではなくて、足りないものよりも今あるものに目を向けてください。

少しでもできたことがあれば自分を褒めていく。すると、良い部分を見つけていく習慣につながってきますので、お客様を褒められるようになるトレーニングにもなります。で

きたことを見つけることで、自己肯定感が上がりますし、少しでも前進している自分を許せるようになっていきます。

②結果を手放す

すごく結果にこだわってしまうと、メンタルが壊れてしまいます。こうでなければならない、というマインドが強くなるケースを変えて、結果から成長にベクトルを向けるようにします。すると、実はこちらのほうが大きな成果が出ることにも気づいていけるでしょう。

③客観的に自分を見る

自分をゲームのキャラクターに置き換えると、わかりやすいかもしれません。

例えば、自分がゲームの1キャラクターだとします。そんなキャラクターをどんな感じで成長させようとか、どんなときが面白くなるだろうといったことを考えるといいと思います。客観視して自分の人生を楽しむことができて、自分に余裕のある状態が作れます。

結論をお伝えしますと、出来は6~7割でOKです。上出来です。

チャレンジするのが怖くなってしまうのは失敗するからなんですね。それは、自分に厳しすぎです。成功のラインが何点かというのを気にしていて、世の中の方々は、自己否定癖がついてる傾向が多く、「私なんか私なんか」と自分を下に見積もってしまい、頑張ってチャレンジしたときに１００点じゃなかったからと言って、まだダメ出しをしてしまいますよね？

６〜７割で上出来です。次に備える、最高傑作は次回作です。次に懸けてみてください。

私もさまざまな媒体で発信してます。Instagram 投稿、ストーリー投稿、ＬＩＮＥ公式アカウント、ブログ、メルマガ、YouTube、Podcast、毎日なにかしらの配信をしているのですが、これ大変なんです。ときには、行き詰まってしまうこともあります。ですが、とりあえずでも大丈夫です。配信を続けてみましょう。

時々、配信が止まってしまう人、いますよね？　お気持ち、とてもわかります。ちょっと、納得いかない記事や投稿ができたなぁって思ったら、アップしたくなくなりますが、私は、お客様やフォロワーさんに、誤字脱字や内容にミスがあったりして、指摘され、お詫びをしたりしながらも、配信し続けています。

ＳＮＳなどは、配信が止まると、アクセス数やフォロワーが一気に落ちてしまうんです。

だから、SNSで完璧主義で投稿が止まる人は、結果が出ずに、どうしても収益に繋がりません。

完璧じゃなくていい。ありのままのあなたを出してください。それでも、満足行かないものが出来上がったら、少し、反省して、とにかく進むんです。いつかもっとすごいことになりますから。なので目標は遥か高く、遠くに置いてください。とにかく進むことが大事なんです。クオリティは後からついてきます。

5・リスクを負うことの大切さ

私が考えるリスクを負う行動の一つは、身銭を切ることです。身銭を切るとは一般的には、自らのお金で支払うことを言います。そのうえで、身銭を切るとはリスクを取り、それに責任を持つことだと思うんですね。

これ、皆さんが一番嫌います。リスクはできれば避けたい。それが本音だと思うんです。もちろん、私も避けたいです。ですが、リスクを取ったことで相応のリターンを得られることも実体験としてあります。

そして、数々の占い師さんたちを見てきて思ったのは、何かを得ようとするときには必ずそれ相応のリスクを背負っているのです。何かを得たいなら、何かを懸ける、そして失敗したときには相応のペナルティーを受ける覚悟を持って挑戦するべきです。

つまり、自分のやることには自分で責任を持っておきなさい。ということです。例えば、起業するならそれに失敗したとき、そこに投下した自分のお金や時間を失うことを覚悟して起業するべきです。

あるいは、他人を非難するなら、その指摘が間違っていたとき、自分も非難されたり自分がその立場に思われる覚悟を持つことです。もちろん成功したときには、それ相応の利益や得をすることができるでしょう。

反対に自分が失敗したときには、その分の不利益や損を受け入れると決めることです。それが私が考える身銭を切るということでして、結構勇気のいることなんですね。失敗してもそこから逃げてはいけないということですね。そこまでして責任を取らなきゃだめですか？　と思われそうですが、なぜなら、リスクを背負って行動しなければ得られないことがあるからです。

①なぜ身銭を切ることが重要なのか

身銭を切ると優れた知識を得られます。あれこれと考えているよりも、実際に身銭を切って行動したときのほうが得られるものは大きい。結局、実際に行動してみないとわからないことって多いんですよね。百聞は一見にしかずと言いますよね。

例えば、占い師になりたい人がいるとしましょう。占いの本を何十冊も読むより実際に占ってみたほうが得られるものは大きいでしょう。しかし、ノウハウを見て学ぶだけじゃ得られないものってあるんですよね。人を占うとどれくらいの時間が必要か、占われる人はどんな心理状態で占いを受けるかなどは、人を占ってみないとわからないですし、本を読むだけではわからなかった新たなことに気づけることもあります。

さらに、占った後に自分の足りない部分や次に生かせそうな部分が見つかることもあるでしょう。経験に基づいた知識というのは、非常に価値があるものです。1から学んだ知識や頭で考えた推論よりも、1回の経験によってはるかに優れたものが手に入ることもあります。そう考えると行動するってとても大事だと思いませんか?

ですから、どんどん挑戦していただきたいと思います。ただ頭で考えているだけではもったいないですし、多少時間やお金がかかったとしても自分で実際に行動してみたほうが良いです。そうすればその経験を通して優れた知識を得ることができます。

②失敗しなければ、自分の何かを失うという状態でないと、私たちは本気になることができない

人はリスクを取らない状況を退屈に感じるものです。例えば、占い師になりたいと思い、本で勉強したとしても、肝心の占う人がいなければ、学びはなんとなくで終わってしまいます。ですが、いざ1週間後に人を占うことになったとしましょう。その人について、前もって調べたり、誕生日からわかる性格や運勢などを一生懸命調べようとするでしょう。万が一、お客様に「あなたの占い、つまらないね」と言われたくないので、必死に勉強をします。

また、無料の教材だけで勉強するよりも、実際にお金をかけて揃えた教材のほうが一生懸命勉強するようになります。自分のお金をかけた分だけ、必死に勉強すると思いませんか？

このように人間は身銭を切っている状態じゃないと、本気で取り組むことができないんです。

だからこそ自分の挑戦にはある程度のリスクを取る必要があるのです。

③失敗を恐れるな

どんどん挑戦していきたい気持ちがある。けれども、そこで失敗したらもうお先真っ暗になるんじゃないかって心配になってしまう方もいるかもしれません。

しかし、もし失敗して大きな傷を負ったとしても、その傷は身銭を切って行動したという証拠として残ります。その証拠は周りの信頼を得る、強い武器になるでしょう。だからリスクを恐れずどんどん挑戦すると良いです。

また、こんな不安もあるかもしれません。例えばの話ですが、会社を辞めて占い師を目指したけど、結局まったく売り上げが上がらず、生活できなくなって破綻してしまうなど失敗をしたとします。そうしたらその失敗した経験が人生の汚点になってしまうのではないかと。

失敗を成功に変えた例をお伝えしますね。

アメリカ元大統領のドナルド・トランプさん、実は彼が選挙に勝ったのは、かつて起業に失敗したという目に見える欠陥があったからだそうです。実際、彼はカジノやホテルなどの経営の失敗で、破産した回数は「4回」とも「6回」ともいわれています。このような欠陥があったから勝ったのだと。事業に失敗したという結果が、彼はかつて起業に挑戦したという証拠になっていたそうです。つまり彼の持つ起業失敗の経験は、彼は口先だけではなく実際に行動する人間なのだということを裏づけていたということです。信用につながったわけですね。

そもそも挑戦をしなければ、失敗することはできません。民衆は口だけの人間よりも実際にリスクを取って行動した人間のほうに票を入れたんです。

このように失敗したとしても身銭を切って挑戦したという事実は残り続けます。だから失敗を恐れずにどんどん挑戦すると良いのです。

④身銭を切らずに意思決定をしてはいけない

身銭を切ることの大事さと同時に、身銭を切らない人たちは、結果が出にくいんです。自分がリスクにさらされなければ、人は本気にはなれないものです。そして、身銭を切らないと同じ失敗をすることが多いですし、失敗したとき自分でそのリスクを持っていなければその失敗から学ぶことはできません。

痛みは学びを与えます。失敗したときに痛みを感じることで、人はそこから学んで成長できるんです。人間は失敗したとき、自分がすごく嫌な経験をしたり何かを失うと、次は同じことにならないようにしようと必死に改善しようとするでしょう。

例えば自分のお金で買った大事なパソコンを不注意で壊してしまったとき、直すためには修理代を払わなくてはいけません。しばらくパソコンを使うこともできず、こうして不利益を被ったとき、次は不注意で壊さないようにもっと慎重になるでしょう。もしかすると次は自分で治せるようにパソコンの構造について勉強するかもしれません。その失敗から学んで何か行動を改善しますよね。

ですが、それが会社のパソコンだったらどうでしょう？　別に自分のお金で買ったわけじゃないので、壊れましたと申告すれば会社のお金で修理に出してもらえます。こんな状況で次は自分で治せるようになろうなんて必死になったりするでしょうか？　おそらく、少し気をつけようくらいの人が大半ではないでしょうか。

こんな感じで失敗に痛みを感じていないとき、人はそこから学べません。そうするとまた次も、同じ失敗を繰り返すことになります。つまり、いつまでたっても成長しないのです。こういった形で、身銭を切るのは本当に大事なのです。

6・お客様との人間関係の悩み〈中級〉

さて、ここからはいよいよ中級の内容となります。

中級の内容がどのくらいの基準かというと人や地域など、それぞれで難しいのですが、おおよそ「普通のOLさんと同じくらいの収入がある占い師さん」という位置づけで行きたいと思います。ですから、「月15万から25万円くらい稼げるようになった占い師さん」という位置づけで認識いただければと思います。

中級占い師さんになると、ある程度リピーターさんやお客様が月に10〜20人ぐらいいらっしゃるようになると思います。もちろん繁忙期や閑散期などもありますので、月によってフリーランス型占い師の収入は増減があります。

そこで、中級占い師さんが悩んでくるのが、合わないお客様が出てくることでしょう。はじめのうちは合うお客様、合わないお客様関係なしに、ただひたすら占いをしてきたと思います。ここで、中級くらいになると、ある程度人の良し悪しやちょっと見ただけでどんな人かがわかるようになります。

ここで私は人を差別しなさいと言ってるわけではありませんが、さらなるステップへ行くためにある程度の線引きはしていかないといけないと思います。なぜなら、占い師は『知識労働』だけではなく、『感情労働』だからです。感情や気をすごく使う仕事なので、あまり精神衛生上良くない方は勇気を出して鑑定をお断りすることも致し方なく出てくると思います。

かくいう私も、初級占い師の頃は、どんな方でも鑑定をしてきたのですが、ある方に当たるたびに、次の日の体調がすごく悪くなったりしてました。鑑定後も、その方の言動がフラッシュバックのように出てきて、すごく気分が落ち込んだりも。挙句の果てに、罪のない家族に八つ当たりをしてしまい、しなくていい喧嘩をしてしまったり。

これは、少し勇気が要る作業ではありますが、お客様は選んでいいと思います。なぜなら、あなたが大切にすべき既存のお客様にさえも支障がでますし、これから出会う素敵なお客様にもよくない影響が出るでしょう。結果、誰も幸せにならないのです。

では、お客様との人間関係で悩んだときの対処方法、距離を置く基準をお伝えしていきたいと思います。

①悩んだときは、まず身近な家族や信頼できる方もしくは師匠に相談する

もしかしたら、今持っている感情は、自分のわがままなのではないか？　もしくは自分が調子に乗ってしまっているのではないか？　などといろんなことを考えてしまうと思います。もちろん、そういった自分へ自問自答していただくことも必要な作業です。

ここで私がいつも行っているのは、

・まず信頼できる家族に相談する

・そして「卜術」、私では「易」を立てる

この二つの作業をし、自分の意思だけではなく、第三者目線でこの方とこれからもお仕事上でお付き合いをしていて良いのかどうかを問いただし、判断するようにしています。

ステージが上がっていくと、合う人合わない人も変わっていきます。これは悪いことではなく、むしろプラスに捉えていいと思います。しかしながら、誰でも別れや人と距離を置くことは辛いことだったり、後ろめたい気持ちになったりするでしょう。だからこそ一人で考え込まず、信頼できる相談相手を身近に持っておくことをおすすめします。

②同じようなモヤモヤした感情が3回以上続く

1回、2回では少し意見の相違か何かや運勢の結果が悪かったからいろいろと感情的になられたのかな？　と解釈できますが、3回以上モヤモヤが続くときは少し距離を置いたりとかこれからのお付き合いの仕方を考えたほうがいいかもしれません。

もちろん私たちはお金をいただいて、鑑定や講座などをしていると思います。しかし、どうしても精神衛生上よろしくない方とずっと関係性を続けていくことは他のお客様にも影響が出ることです。ですので、モヤモヤすることが半年以内に3回以上続くのであれば、少しお付き合いの仕方を考えたほうが良いでしょう。

③運勢や相性が悪くてもそれをまずは理解してあげる

同じ人でも、出会ったときはとても良い関係性だったとしても、その方の職場環境や家庭の環境などで変化があり、もしくは運勢などで状況が変わり、少し態度が変わることもあるかと思います。

そういったときは、まずその方に寄り添ってどうしてこういった対応を取られるのかといったことを考え、まずは相手の気持ちになってみることが大事です。どんどん、キャリアを積んでいくと、最初は相性の良い方が多いですが、次第に相性が合わない方ともたくさん出会うようになっていきます。

こうなったときは、ステージアップしたと考えて良いでしょう。合わない人に合わせられる、その合わない人の考え方に寄り添える方こそ私は器の大きい人だと思います。もちろん私も人間ですので、合わない方に対してもいつも学びを得ているという形で、時々モヤモヤすることもありますが、自分を犠牲にしない程度に少し距離を保ったお付き合いをしております。

④無礼な方への対処法

世の中いろんな方がいらっしゃいます。当然性格も違います。今ではオンライン鑑定などで全国の方々と繋がれるようになりました。

地域によって講座の価格帯や価値観なども全然違います。そこで、一つ私が基準にしていることは、心地よく仕事を長く続けるために、無礼な方とは極力距離をおくことです。

そのためには、この中級の段階に来たときには、講座や鑑定料の値上げをされることをお勧めいたします。初級の段階では無名の占い師があまり値段を高く設定してもなかなかお客様は来られませんが、実績を積むとその分、鑑定の質も向上するため、値上げをしましょう。値上げをすることにより、それに見合った方が来られます。

私もこうしたことを象徴するような体験をしたことがあります。これはある方とコラボ商品を販売していたときのことです。

商品をご購入したあるお客様から「デザインが気に入らなかったので、捨てます」というメッセージをもらいました。私の対応としては、返金と返品を申し出たのですが、その後連絡はありません。

よくよく考えてみると、その方は以前もやり取りしていて、モヤモヤすることが多かったので、それまでの経緯を踏まえて、その方とはお取り引きをやめることにしました。誠心誠意、こちらが対応した後に、線引きをしていくことが少しは必要だと思います。

宇宙の法則で、『宇宙は真空を嫌う』というものがあります。悩みに悩んで、手放したものはその後、もっといいものが入ってきます。ですから、距離を置くときは、「ありがとうございました」と感謝の気持ちを込めて、黙ってさよならをする。すると決まって、もっと素晴らしい方と私は必ず新しい出会いがあります。これ、すごく不思議なんです。

7・配信活動が辛くなったとき・結果が出ないとき

このご時世、占い師もＳＮＳやブログ、メルマガでの配信活動はフリーランス占い師としては必須のお仕事となってきました。ここで、私たちに立ちはだかる壁が、発信活動を続けることです。もちろん、ときにはモチベーションが保てなくなったり、フォロワーが増えず、自分が何をやってるのか価値を見いだせないときもあるでしょう。

ネタが尽きてしまったり、体調が悪くなったり、家族の問題などで時間が取れなかったりすることもあるかもしれません。私が思うに、そういったどうしようもなく辛いときは、いったんお休みすることもありだと思います。

私も、引っ越し等で、配信が２週間ほど止まったときがありました。引っ越し後も、環境の変化などで体調を崩してしまったりして、配信頻度が下がってしまったことにより、大幅にフォロワーが減ったという経験があります。

ですので、できれば配信活動はコンスタントに続けていくことが良いのですが、どうしても辛いときは休んでください。休むことによっていろいろ見えてくるものもあります。

また、配信活動を止めないためにちょっとだけコツがありますので、それをお伝えしたいと思います。それは、常に先回りをしておくことです。例えば、書き貯めをして置いて、予約配信をしておいたり、予約配信ができないツールであれば、2〜3コンテンツぐらいはあらかじめ下書きなどをしておき、配信するばかりにしておく。そうすると1週間くらいダウンしてしまっても、配信活動は表向き続けていることになります。

やはり、フリーランス占い師は自分との戦いなので、勤めているときは強制的に拘束されている環境にあるかもしれませんが、フリーランスだって同じなんです。少し時間が短く、労働時間が短くなって同じくらいの成果が得られるというメリットはありますが、体調管理なども含め自分のことは自分できちっと管理しておかないといけないっていうのは、プロの必須の心構えだと思います。

私もここ数年、風邪をひいたことがありません。これは、サラリーマンと個人事業主の違いであると思いますが、体調を悪くすると、もちろんお客様にも迷惑がかかりますし、何より収入も止まってしまいます。とても厳しい世界ではありますが、こういったことも覚悟の一つに入れておくと良いかと思います。もしくは代わりに手伝ってくれる方がいるのであれば、そういった方に応援を頼むのもいいですね。

そして、日ごろから無理をしないこと。例えば必要のないランチだったりお茶だったり、自分の事業と関係ないお仕事の手伝いだったり、余計な仕事や労力、感情を使うことはできるだけ日ごろから避けておき、定期的に休みを取り、目の前にいるお客様や会員さんたちを一番に考えられるよう自分をメンテナンスするのも大事です。

8・モチベーションの保ち方〈上級〉

ここからは、上級の内容に入っていきます。

上級の区切りをつけるとするならば、人それぞれの感覚はあるので難しいところではありますが、おおよそ、お客様が月に30名から40名以上、月の売り上げが40万から50万円以上の占い師さんはこの上級に入ると思います。上級になると、日々、鑑定や講座でお客様も多く忙しくなってきます。

そのような状況になるには、発信活動もこれまで盛んにしてきたからこそ出会って、それを維持するのがとても大変になってくる段階です。とても充実していて忙しいです。

ここで立ちはだかる壁といいますのが、忙しすぎて自分の時間が取れないということ。初級の頃からするととても羨《うらや》ましがられる悩みなのですが、本人にとってはとても苦しく、この状態がずっと続くのではないかとやめたくなる気持ちさえも出てくる時期になります。しかしそんなことは、お客様に絶対見せてはいけません。

周りからも「先生」と呼ばれるようになり、失敗が許されない段階に入っていきます。先生という位置が確立しているからこそ、ほとんどの方が誰も文句を言ってきたり、反対意見を言ってくれる人も少なくなってきます。

ここからは孤独との戦いになっていきます。周囲から羨ましがられる存在になっているのですが、自分はこれで良いのだろうか？　もっと改善することがあるのではないだろうか？　今の状態から転落したらどうしよう？　などいろんな不安があり、日々、自問自答しながら反省しながら過ごしていく日々になります。

どの業界でもそうですが、私もいろいろな成功者の方とお話をして思うのが、お金を稼いだからといって必ずしもすべてが満たされるわけではないということです。億を稼ぐ人でも「今まで安心してぐっすり眠れたことは数日しかなかった」というお声も聞きます。

そうなんです。うまくいくということは光が強くなるということ。光が強くなればなるほど、影が強くなるのと同じで、さまざまな不安や恐怖が出てきてしまいます。

そこでこの、モチベーションが保てなくなったときの改善方法を二つ紹介します。

①まずはリラックスする時間を取る

毎日毎日休みなく鑑定を何件もこなしていくと、当然いろんな人のエネルギーを吸い込み、体や心が疲労していきます。ここでオススメなのが、頑張って週に一回は鑑定や講座がない日を作ること。少し勇気がいりますが、お休みを作ることです。ずっと駆け足で走り続けてくると止まることが難しくなってしまいますが、このままでは精神的にも体力的にも限界が来てしまうことが予想されます。ですので、週に一度は何もしない日を作り、自分の好きなことをする時間を作りましょう。

②自分よりももっと成功している師匠を見つけて学ぶこと

上級の占い師になってくると、人に頭を下げづらくなってしまいます。

ここで大事なのが、人に頭を下げられなくなってしまうと、どんどん衰退していくという怖い現象が起きてきます。この時期に大事なのが、時間がなくても一人でもいいので師匠を持っておくことです。

占いの師匠でもいいですし、心の師匠でもいいです。その師匠に会えなくてもいいです。

こういう人になりたいなぁという自分の憧れの人を持っておくということです。少しずれますが、自分の「推し」を作ってもいいと思います。

私の場合は、マーケティングの師匠がいます。さらに自分よりも上を進んでいるお方でお客様の対応がとても素晴らしく、ｗｅｂについてとても先進的な技術や考えを教わっています。こういった師匠がいるからこそ、自分の成績や置かれている環境に慢心せず、謙虚な気持ちで学ぶことができています。師匠がいないと自分一人で戦っていくことになるので、厳しくそして辛く寂しい日々になってしまいます。ぜひ、ある程度の成功に満足せず、これからも学ぶ姿勢を大切にすると、より充実した人生を送れますし、お客様もその姿を見て、もっと良い関係が深まっていくことでしょう。

９・占い師として確立したときに気をつけること

占い師として、ある程度確立してきたとき、多忙になり、複数のお客様を抱えつつ、情報発信をしたり、スタッフさんを抱えていたり、毎月の会員さんが数十名いるような状態で、私もたくさんの失敗をしてきました。今思えば、子供だったなぁと反省し、それが良い学びになっております。こちらでは、私の失敗談を紹介しながら、気をつけるべきことをお伝えしていきたいと思います。

①多忙なときほどお客様への対応は慎重に

私はオンラインサロンや占い講座等で、毎月会員さんを数十名ほど抱えております。前回の出版後に、急にお客様が増え、会員さんが一気に増えた時期がありました。それまでちょうどいい鑑定人数だったのが（ありがたい話なのですが）、自分の限界を超えた忙しさになりました。

当然、講座や毎月会員さんがいらっしゃると、その後の質問等のご連絡も個別でいただくようになります。ただでさえ、鑑定、講座の前準備、情報発信等で手一杯なのに、個別にたくさんの質問が来る状況は私のキャパシティを超え、パニックになってしまいました。

そこで、会員に入り半年以内のお客様はまだ人間関係がちゃんと作れていない状態ですので、とてもシビアにこちらの対応を見てらっしゃいます。そうした際に、頼るべきはお付き合いが長く関係性が築けている方になります。

もちろん、お付き合いが長いお客様をないがしろというわけではありません。ですが、そうした方であれば、ある程度こちらの性格や状況などを考慮してくれ、急な状況に対処することができます。しかし、まだお付き合いが浅い方は、そうはいかず、すぐに解約をされたり、クレームを言ってこられることがあります。

私もかつて、質問が来て、連日、鑑定3件（当時は1件につき2時間でした）、情報発信等で脳が疲れ果ててしまい、質問が来たことに対してストレスを感じてしまっている時期がありました。そのお客様は、私の対応が手薄になったことで不満を感じ、すぐに解約をされました。そこで、こういったときに、他の会員さん同士で質問を受け付ける場を作っていたのですが、それがなかなか機能しにくく、お客様には不満だったり、認知してもらえなかったりして、解約などの方向に行ってしまいました。

やはりご質問をいただいたりしたときは、こちらが慎重に丁寧に対応しないといけないのだと学びました。もし、回答までにお時間がかかる場合は私は今は、あらかじめ、「今少しバタバタしており、数日お時間いただきます」とすぐに連絡を入れ、それから落ち着いたときに回答するといったことをしており、それからはクレームや解約は減りました。

②うまくいってるときこそ、驕《おご》らず、謙虚に

ある程度、収益が安定していき、業績も良くなってくると、少し最初の頃に抱いていた謙虚さが薄れていってしまうのは人間の自然な感情かもしれません。しかしこういったことはお客様やいろんな方に知らず知らずのうちに伝わっていってしまいます。

忙しいときなどは自分への余裕がなく、人に構ってあげられる時間や労力よりも目の前にいるお客様に対応していくことで精一杯になってしまいます。

そのときに、覚えておいていただきたいのが謙虚な姿勢を忘れないこと。

忙しくて余裕がなくても、謙虚に、「いつもありがとうございます。」という感謝の気持ちや、自分がまだ未熟者で、なかなか対応ができないことへのお詫びなどを常に心の中に持っておくことが、この時期にも大事になります。

とはいえ、ある程度、忙しい時間がたつと、その忙しさに慣れてきます。後で振り返って、「あのときは調子に乗っていたなぁ」と反省することも出てくるかもしれません。

そしてお金が入ってきたからといって、高級品を買ったり、贅沢なセレブ生活をＳＮＳで発信することはあまりよろしくありません。もちろん起業家さんなどはそういった姿を見せて、それがお仕事の一環である場合もあるかもしれません。あくまでも私たちが占い師で、占いでいろんな方の人生を倖せに生きるコツや人を癒してあげることができるように学ぶために、さらなる投資として勉強にお金を使うべきです。

もちろん、自分を大切にするようなお金の使い方は大切です。しかし、自分は成功していてすごい人間なんだと思い上がらないことが、お客様から愛される占い師としてずっと続けていく秘訣だと思います。

第2章

お客様を逃さない！占い師秘伝集客術

1・占い師になることを周囲に伝えよう〈初級〉

さて、ここからは、占い師さんたちが一番気になると言われている「集客術」についてお伝えしていきたいと思います。まず初級の最初にやるべきことは、

「周囲に自分が占い師になったことを伝える」

ことです。もし、周囲に内緒にしたくて顔出しをしないと決めている副業占い師さんであれば、必要がないかもしれません。ですが、可能であれば、顔出しをして占い師になることを周りの人に伝えていったほうが、早めに占い師としていいスタートを切ることができます。

なぜなら周りの人が応援してくれるからです。

少し話が逸れますが、どうしても周囲に伝えず顔出しなし、偽名でするとすべてwebでの集客になると思います。そのうえで、知っておいて欲しいのは、webでの集客とリアル集客の違いは圧倒的に時間のかかり方が違うことです。

webでの集客は、長い目で見て最低でも半年から1年ぐらいはかかると考えたほうが

いいでしょう。ですので、長期戦になることを意識したほうがいいです。一方、リアル集客ですと、例えば無料でのモニター鑑定等も紹介などで集めることができます。

ですので、私のオススメとしては、しっかりと周囲に伝えて占い師になることです。そうすることで、人から人で広がっていくほうが早く結果が出やすいです。もちろん、コロナ禍以降、なかなか対面で鑑定する機会が減ってしまいましたが、やはり会ったことある人とない人では信頼度がまったく違いますので、鑑定も申し込みされやすくなります。

そして、一番理想的な方法は、

・リアル集客
・ｗｅｂ集客

を同時並行することです。ここまで押さえたようにリアルでは集客の結果がすぐに出ますし、ｗｅｂではある程度時間が経った頃に集客ができるようになります。となると、もしもリアルで行き詰まったときにはｗｅｂがお客さんを集めてくれるようになります。

私自身も今ではネットから集客ができておりますが、まったく新規でお客さんが来られない月もいまだにあります。

一方、リアルでお会いした方やご紹介の方は、定期的に鑑定をお申し込みしてくださ います。ですので、私としては両方を同時に進めていくことをオススメします。

さて、当初の話を戻しましょう。初級の最初にやるべきことは「周囲に自分が占い師になったことを伝える」だとお伝えしましたが、この「周囲に伝える」とは具体的にどうやったらいいのでしょうか？　それについて順を追ってご説明しましょう。

①友達などに会ったり連絡を取ったときに、占い師になる、もしくはなったことを伝えよう

これは本当に単純なことではありますが、自分が占い師であることを「知らせる」と「知らせない」とでは大きな差が出てきます。

よくトップ営業マンがやってることでもありますが、常日頃から自分のこと、自分の仕事についてより多くの人に認知してもらうことを心がけています。もしかすると、親しい友人、知人だってあなたが占い師であることを認知していない場合もあるのではないでしょうか？

きっと〝あなただから〟鑑定を受けたいという人もいるはずです。しかし、周囲に伝えておらず「あなたが占い師」であることを認識されていなければ、鑑定のご依頼は皆無でしょう。

また、鑑定に申し込んでくれなくても、あなたのことを応援してくれたり、紹介してくれるかもしれません。にもかかわらず、伝えそびれているだけで、そうした周囲の力を借りられていないのは、実にもったいないことです。

ですが、常日頃から自分が占い師であることを伝え続けていれば……、

「そういえば、○○さん、占いを始めたって言っていたから見てもらおうかな」

と、ふとしたときに思い出してくれます。もし仮に最初は無料から始めても、もしあなたの鑑定が良ければその後も有料で受けてくださることがあります。

なぜなら、あなたの人柄、人となりを知っているからこそ、信用されやすいのです。一方、ｗｅｂですと、まずは、「信用してもらう」という最初のプロセスがあるので、時間がかかるのですね。

ですので、常日頃から積極的に実際の知り合いには占い師になったことを伝えていきましょう。

②占いイベントなどには積極的に参加しよう

昨今は、個人事業主やフリーランスの方がどんどん増えてきています。加えて、そうし

た方々同士でマルシェやイベント等を開催していたりもします。こうしたイベントはオフラインが一般的ですが、最近はオンライン会議システムのｚｏｏｍなども活用したイベントも頻繁に開催されています。

ですから、占い師を始めたての人はこうした情報にアンテナを張っておくと良いでしょう。具体的には同業者さんのＳＮＳのアカウントなどをフォローしておき、イベント情報等が告知されていたら、それにまずは参加してみます。

イベントの雰囲気やお客さんの層が自分と相性が良ければ、その後主催者の方にどうやったらそのイベントに参加できるのかを尋ねてみると良いでしょう。もしくは、異業種の方とコラボしてイベントを立ち上げるのも良いでしょう。

例えば、マッサージが得意のセラピストさんなどは「占い×マッサージ」でイベントを立ち上げるなども相性がとても良いかと思います。もしくはハンドメイド作家さんと「占い×ラッキーカラーのアクセサリー」などを発売していくのも良いでしょう。

こうしたコラボによって、協力者の周囲の人々に知ってもらうことができます。このように協力者の方と上手にコラボレーションできれば、加速度的にお客さんを集めることができるでしょう。

２・占い師としてのＳＮＳアカウントを作ろう

さて、ここからはｗｅｂでの集客の話に移りましょう。

このご時世、占い師としてｗｅｂで活動していくには欠かせないこと――それは、

「ＳＮＳで発信活動をする」


ということです。もう私の本を手に取って勉強するようなあなたであれば、耳にタコができるほど「ＳＮＳは大事である」といった話を聞いているかもしれません。

また、以前もお伝えしましたが、現在は「風の時代」と言われており、ＳＮＳはまさに風の象徴です。ご存知のように「つながり」は風のように目に見えませんよね。まさにＳＮＳは人と人とのつながりを表すものです。もっと言えば人と人とのつながりを広げ、絆を結ぶコミュニケーションツールと言えるでしょう。

加えて、最近まではGoogleやYahooといった検索エンジンを活用して「ググる」ことが普通でしたよね？　しかし、昨今はＳＮＳで検索することが普通になってきています。いわゆる「タグる」というものです。

これは多くの人が、検索した結果よりも、ハッシュタグ（＃）の結果（人々のリアルな

クチコミ）に対して信頼や親しみを持ち始めているからです。スピリチュアルな流れ、社会の背景を踏まえれば、あなたが占い師としてWeb上で認知してもらうためには、このSNSの運用が必須になってきます。

ひとくちにSNSといっても、いろんな媒体があります。

・Facebook
・Instagram
・X（Twitter）
・YouTube
・LINE
・TikTok
・Podcast

など、さまざまなSNSがあり、いろんな特徴や使っている方の属性があります。ですので、何を使ったらいいのかわからない方もいらっしゃるかもしれませんね。

ちなみに、私が運営している〈占い師マーケティングプログラム〉では、初心者の方が取り組むべきSNSとして**Instagramを推奨**しております。

周知のようにSNS事情も少しずつ変わってくるので、この内容が少し古くなってしまうことがあるかもしれませんが、2023年現在、参加コストが低く、幅広い層の集客につながるので、Instagramをお勧めしております。

また生徒さんからは、こんな質問もよく寄せられています。

「すでに個人で見る専門で使っていたアカウントや、プライベートなどを投稿しているアカウントをそのまま占い師仕様にしてもいいですか？」

もしくは、

「新しく占い師専用アカウントを作ったほうが良いですか？」

こういったご質問がよくありますが、もしあなたがすでに持っているアカウントでフォロワーがたくさんいらっしゃれば、そちらを使うのも良いでしょう。もしくは、周囲に占い師になることを知られたくないという場合であれば、もちろん新しく占い師専用のアカウントを作ったほうが良いでしょう。そうしたことを踏まえて、どちらでもお好きなようにされてください。

プライベートのアカウントと、仕事用のアカウントは投稿の仕方や頻度《ひんど》も変わってきますので、そちらを重々踏まえて、アカウント作成、もしくはアカウントを変更したりなどをされてください。

昨今はショート動画を扱うTikTokなどのＳＮＳも人気になっていますが、Instagramの利用者数は安定した水準を保っており、若い世代も使っているＳＮＳです。加えて、動画作成となるとかなりハードルが上がってしまいます。

私も多くの占い師さんを教えていくなかで、Instagramから始めるほうがうまくいっているケースが多いです。なぜなら、Instagramは画像とテキストだけから運用を始められるからです。慣れてくれば、動画コンテンツを作成し、発信していくのにも適しています。

もちろん、Instagramだけでなく他のＳＮＳが向いている場合もあります。例えば、自分がお客さんとしたい年齢層から逆算して適しているＳＮＳを考えるといい場合もあります。例えば、ターゲット層が10代から20代の方向けでしたら、TikTokを使ったほうが鑑定の依頼などは増えるでしょう。他方、あなたのターゲット層が40代、50代以上でしたらFacebook、ブログ、そして、Instagramもいいかもしれません。

ですから、ＳＮＳアカウントを作る際にそれぞれのターゲットや利用している年齢層などをよくリサーチして作成することをお勧めします。本書では、私が今までやってきて得意とするInstagramの運用のコツについて、次の項目よりお伝えさせていただきたいと思います。ぜひ、引き続き読んでいただけますと倖いです。

３・なぜ、占い師は Instagram 集客がオススメなのか？

ここまでで、今の時代はＳＮＳでの集客が必須であることを繰り返しお伝えしてきました。そのうえ、さまざまなＳＮＳの中でも私のオススメは Instagram になります。理由は２０２３年現在、年代にかかわらず多くの女性に利用されていること。

Instagram は２０１０年10月からサービスが開始されて以降、約10年以上の歴史があるＳＮＳです。２０１７年以前までは、10代、20代の若い女性が中心に使うＳＮＳでしたが、今は40代、50代以上の方も使われているＳＮＳです。

過去には、流行語大賞を取った「インスタ映え」という言葉のとおり、おしゃれな写真を投稿しないといけないといったイメージを少なからず持たれているかもしれません。しかし、それは最初の頃の Instagram のイメージ。10年以上も経過した現在では、インスタ映えを狙われなくても、有益な情報を配信するだけで、フォロワーさんがたくさんついてきてくれます。

もちろん、Instagram には「ストーリーズ」、「リール」、「ＩＧＴＶ」などの機能もあります。テキスト（文字）よりも動画で伝えたほうが得意な方は、そういったものを使っても良いでしょう。

そして、もう一つ、Instagramを私がお勧めする理由は、女性が使っているSNSの中で最も人気があるからです。やはり、占いのメインの顧客層は男性よりも女性のほうがまだ圧倒的に多い状況があります。となると、女性に見られやすく、幅広い年齢にアプローチできるSNSとなると、やはりInstagramが一番になるでしょう。

さらにInstagramは、他のSNSに比べ、ポジティブな面を重要視するユーザーが多いSNSでもあります。よく発信していると心配になる炎上やアンチコメントをつけられるといった不安やストレスもかなり減ります。

私自身も他にもSNSを使っているのですがInstagramでのアンチコメントはほとんどありません。他方、YouTubeは結構な割合でアンチコメントがつくことがあります。

もちろん、コメント内容が建設的であればよいのですが、そうとは言えない心無い言葉が多かったりします。もちろん、一人が複数のSNSを使う時代です。ですが、より素敵なユーザーさんと出会えるのがInstagramの魅力であると言えるでしょう。

そして、Instagramは他のSNSに比べて、ビジネスアカウントであってもフォローしてもらいやすいというのも特徴です。他のSNSですと、ビジネス色が強かったり売り込み色が強いとフォロワーが伸びないといった悩みが顕著に見られます。ですが、

Instagram は投稿内にＵＲＬを入れないなどの制限がありますので、過度に宣伝することもできません。

そもそも、私たちは相手から売り込まれるとその商品・サービスを買いたくなくなるものです。そして、それはほかの人も同じような心理を持っています。ですが、面白いことに Instagram を通して商品・サービスの投稿を見ると売り込み感・宣伝色は少ない内容に映ったりもします。

なので、そうした側面もあり Instagram の発信内容は売り込み感、宣伝色を薄めてくれるそんな不思議な効果があります。

ですので、こうした点を踏まえて、初心者の方が最初に使うべきＳＮＳとして Instagram をお勧めいたします。

加えて、「私は文章を書くのが苦手なんです」という方もよくいらっしゃいます。そうした書くことが苦手な方にも Instagram はオススメです。なぜなら Instagram ではそんなに長文は書かなくても良いからです。数百文字でも充分伝わりますので、文章が苦手な方でも参入しやすいものとなっています。

4・Instagramアカウントのプロフィールを作り込もう

それでは、Instagramで配信活動をしていくにあたって、まず基本の「き」とも言われるプロフィールについてお伝えしていきたいと思います。いくら素晴らしい投稿をしても、プロフィールがいまいちだったらフォローもしてもらえません。ですから、最初の段階ではプロフィールをきっちり作り込んで行きましょう。

①アイコンを準備しよう

あなたの顔でもあるアイコンは、しっかり選んだほうが良いでしょう。よくあるのが、例えばタロット占い師さんであればタロットだけの写真がアイコンになっている場合。しかし、これだと、とてもそっけないうえにプロ感が伝わりません。

もちろん見習い中や勉強中の身でありましたら、そういった画像でも良いでしょうが、ゆくゆくはしっかりしたアイコンを作るほうがいいです。

アイコンのコツは、できればあなたの顔写真がいいでしょう。しかし、顔出しがNGであれば、似顔絵等でもいいので、「こういう人が占ってくれるんだ！」というイメージをもってもらいやすくしましょう。

そして、できれば明るい色を使ったほうが良いとされています。また、よくあるのがお店のロゴを再利用されている方などもいらっしゃいますが、それもできれば個人で占いをしていくにあたっては、避けたほうが良いでしょう。

feliceacco
486
投稿
1.3万
フォロワー
743
フォロー中
占い師 Acco(あっこ)
著者
著書
増刷御礼
『毎月7万円！普通の人が副業で「占い師」になる法』(同文館出版)
電子書籍 2/27 発売
『フリーランスの占い師がお金に愛されSNSで人気になる法』
只今次回作執筆中
占いと占い師になる方法を配信中
下記のリンクより電子書籍や九星気学の入門PDFプレゼント中
feliceacco.com/feliceacco/archives/2166

②プロフィール欄は箇条書きで、短く簡潔に

プロフィールの自己紹介文には、１５０文字以内の短い説明文の他、連絡先、絵文字などを記載することができます。

Instagramに訪れたユーザーはまずプロフィールをチェックしてから、アカウントをフォローするかどうかを判断します。そのため、その一言一句が重要であることを意識しておきましょう。

そして、Instagramでは長々と文章を書

くことはあまり好ましくありません。しっかりと伝わるように、箇条書きで書いていきましょう。例えば、箇条書きの頭に絵文字などをつけると、女性ウケが良いとされています。このように絵文字は積極的に使うと効果的です。

③自分は何の占い師か？　を明らかにしましょう

これはすごく大事です。ご自身の占術を必ず記載しましょう。例えば、タロットの占術であれば「タロット占い師」や具体的な占術で何が得意かなども書くと、その事柄に悩んでいるフォロワーさんがついてきます。

例えば、

・タロットで恋愛が得意です。
・九星気学で社長さんや企業の鑑定が得意です。
・四柱推命で適職等を鑑定するのが得意です。

など自分の得意分野を必ず明記しておきましょう。

④どんな情報を発信しているか？　を教えてあげましょう

占いの占術の中にもそれぞれ分野があると思います。

例えば、
・九星気学風水の毎月の運勢を解説中
・タロットの週間占いを配信中
・手相の得意分野や適職について配信中
などなど、配信するときは必ずテーマを決め、それをプロフィール欄に載せることがポイントです。こうすることで「このアカウントは自分が知りたいことを伝えてくれている」と思ってもらえ、フォローされやすくなります。

⑤どんな人に向けて発信しているのか？　を明確にしよう

こちらもこれまでお伝えしたことと重複してくるかと思いますが、あなたが今まで悩んできたこと、あるいは自分が克服したことなどを元に〝ペルソナ〟を作りましょう。ここでのペルソナというのは「ターゲットのお客様像」のことです。

例えば、30代独身女性で婚活中であり「婚活をするにあたって相性が良い人が知りたいことや運気アップの方法などが知りたい」方がペルソナだったとします。

こうした場合、**運命の人に出会えるような Instagram 占い師アカウント**というようなキャッチコピーを使い、その位置づけで運用していけば、30代独身女性がたくさんフォローしてくれるアカウントになるでしょう。

⑥プレゼントがあれば記載しよう

「7・見込み客リスト集めの効果的な方法」にてお伝えいたしますが、Instagramだけでは鑑定の依頼はほとんどないと思っていただいて良いでしょう。ここで大事なのは一対一でコミュニケーションが取れるツールに誘導することです。

最近では、その代表格として、LINE公式アカウントがかなり有効です。もちろん、メルマガなどをお持ちの方はメルマガへ誘導するのも良いと思います。

ここで問題になるのが、LINE公式アカウントに登録していただきたいと思っても人はなかなかアクションを起こしてくれないことです。その際に、そのLINE公式アカウントを登録することで「メリットがある」と思っていただけることが重要です。具体的には、プチ鑑定等のプレゼントを用意しておいてもいいでしょう。

そして、その旨を簡潔にプロフィール欄に載せると良いです。プロフィールの本文欄のすぐ下がURLになっておりますので、そのURLに誘導するような文章を書いておけばスムーズでしょう。

5・投稿のポイント

プロフィールが完成しましたら、次は投稿です。しかしながら、Instagramの投稿のコツを知らない方は全体の配列、デザインなども考えず、投稿してしまいがちです。

ここであなたのページに訪れた人の立場になってみてください。プロフィール等の次に何を見るでしょうか。そう、どんな投稿をしているか見ているのです。しかも、その投稿をざっと見て、フォローするかしないかを決めています。その時間はおよそ0・3秒ほど。

ですので、プロフィールの次は投稿がとても大事になります。そして、投稿の一番大事なことは「継続」です。これができる人が本当に少ないので、続けられる人が勝つことになります。

それでは投稿のコツについてお伝えしていきましょう。

①Instagramは「3投稿構成」を意識して発信しよう

Instagramは写真もしくは動画が3列編成で構成されています。ですので、この3列編成をうまく使い、統一感をつける投稿をすることがフォローされやすいコツとなります。

例えば、投稿テーマとデザインを三つほど用意して、そのテンプレートに従って配信していくというのが一番わかりやすい投稿方法だと思います。もしくは、二つのテーマを決めてそれをずっと続けていく。こういった方法でも良いでしょう。

いずれにしろ、デザインがバラバラだったりすると素人感が出るもの。一方、売れているインフルエンサーさんたちは、このルールを守っている人が多いです。結果、プロらしい印象が生まれるんですね。

とはいえ、もしかするとご自身が運用されているアカウントでは統一感がない投稿をされていたかもしれません。しかし、既存のアカウントがどんな投稿をしていたか、デザインがバラバラになっていても全然構いません。ぜひ、気づいたときから統一感をつけて、投稿していきましょう。参考までに、私の投稿写真もご紹介しますね（右ページ）。ぜひご覧くださいませ。

また、こんな疑問もあるでしょう。それは「この投稿をどのくらい続けたらいいか」というもの。

私見にはなりますが、半年から1年はそのテンプレートで続けるのが良いでしょう。飽きたからと言って1~2カ月でテンプレートをコロコロ変えるようではプロ感が出ません。ポイントは一貫性を持って継続することです。投稿内容はもちろんのこと。そうした姿勢をお客さんが見ていると意識することが大切です。

②投稿のオススメは画像は10枚、文字は、700~1500文字

次に投稿するポイントはフォロワーさんや読者の滞在時間を稼ぐこと。それはなぜでしょうか。Instagram のＡＩは、あなたの投稿を誰がどのくらいの時間見ているかをちゃ

んと測っているからです。

それを踏まえると、投稿に対する滞在時間が長い投稿が「いい投稿」と認識され、あなたのアカウントが、上位表示されるようになっていきます。

このように Instagram 側の意図を汲んだ投稿をすることで彼らから応援してもらえるようになります。こうした方針に適しているのは画像の枚数が多い投稿です。ですので、画像はたくさん並べるのが良いでしょう。

そのうえで、Instagram では画像は10枚まで載せることができます。また、本文内の文字数は２０００文字まで。もちろん２０００文字たっぷり書いていただいても良いのですが、もし文章があまり得意でない方は最低でも７００文字ぐらいは入れるようにしましょう。ひょっとすると、長文だと読まれづらいと思われるかもしれません。しかし、意外と１０００文字から１５００文字数くらいの投稿がよく読まれ、濃いファンがつきやすいのです。となると、鑑定も増えることになりますね。

逆に文字数が少なすぎると、フォローをされても濃いファンがつきにくいものです。このようにテキスト内容は占い師の勝負どころです。

なお、一般的に言われている Instagram のノウハウと占い師のノウハウは少しずれることがありますので、こうした点はご留意されてください。

ところで、キャプション（本文）は、画像と同じ文章で構いません。なぜかというと画像で見るタイプと本文で見るタイプの方がいらっしゃいますので、どちらも同じ文章にして良いと思います。

コツは、先に文章を作ってから画像化していくと効率化ができ、作業時間も少なくなります。

③注意すべきハッシュタグの使い方

＃（ハッシュタグ）はInstagramの一つの投稿に30ハッシュタグまで記載することができます。普通、こうしたハッシュタグは付ければ付けるほど、いろんな興味関心を持っている方に見てもらえると思うことでしょう。しかし、残念なことにハッシュタグは付ければ付けるほど、いろんなユーザーに表示されにくくなってしまうのです。

例えば、付箋があちこち貼ってある本と重要なページだけに付箋が貼ってある本はどちらが他の人にとって使いやすいでしょう？　おそらく、後者ではないでしょうか。まさにハッシュタグはこの付箋の役割をしてくれるものなんです。

先の内容と重複しますが、グーグルやヤフーといった検索エンジンよりもＳＮＳでの検索結果を重要視する人も増えています。実際、Instagramでも発見欄（虫メガネマーク）

を利用し、調べ物をするユーザーも多いのです。それを踏まえると、Instagramとしては調べ物をしているユーザーにとって不便な思いをして欲しくありません。

ですから、上限の30ハッシュタグいっぱいに付けてしまうと、どれがハッシュタグの情報と紐づいている投稿か分かりづらくなります。となると、InstagramのAIから評価されにくくなり、結果として表示されにくくなってしまうのです。そのため、ベストは5から15くらいが良いでしょう。ちなみに私の場合、15個ほどつけています。

また、この#のコツですが、毎回同じ#をつけるのではなく、テンプレートを3～5個ほど用意しておき、毎回違う#をつけていくのがオススメです。というのも、これはInstagramの自動化ツール（フォロー、いいね、コメントを自動でしてくれる）を販売している業者がいるためです。毎回同じ#をつけると、こうした業者と間違えられてしまいスパム扱いになるという意見もありますから、少しずつ変えて投稿していくことが望まれます。

そして、この#に関してよく質問されるのは「ハッシュタグは本文中につけるか、コメント欄につけるべきか」というものです。こちらについては、どちらでも構いません。私もどちらも試してみたのですが、感触としてはコメントに記載したほうが少しリーチ数が上がるような気がしました。ですが、こちらもご自身で試してみて、好きなほうをされてください。

④効果的な投稿頻度、オススメの時間帯とは？

投稿頻度はとても大事です。それはなぜでしょう。これはInstagramに限らず、すべてのSNSの媒体で言えることでもあります。

例えば、日頃からそのSNSを使っているユーザーと、たまにしか使っていないユーザーがいるとします。もしあなたがそのSNSの運営者だったら、どちらを応援したほうが今度も使ってくれそうだと思うでしょうか。おそらく、前者のユーザーではないでしょうか。その人たちを応援すれば、もっとSNSを楽しんでくれて、長く滞在してくれるはずです。

このようにSNSそれ自体をたくさん使っている人を運営側のAIも好む傾向があります。ですので、Instagramで上位表示させたいのであれば、投稿頻度は多めが良いでしょう。

最近のオススメは、1～3日に1回がお勧めです。1週間以上投稿が空いてしまいますと、表示の優先順位が下がってしまいます。結果、新しい人にあなたの投稿が見られにくくなります。だからといって1日に何個も投稿されると、フォロワーにとって不便になるので、避けたほうが良いでしょう。理想は毎日投稿ですが、それを続けるのはかなりの至難の技です。ですので、3日に1回の投稿くらいを目指してやっていくと良いでしょう。

また、投稿時間ですが、人々がたくさん見る時間帯は夜の9時ごろです。この時間帯を狙って投稿すると「いいね」がつきやすかったり、保存数が増えやすかったりもします。

そして、平日より土日や祝日のほうが見る人が多くなります。このことを意識して投稿すれば、あなたの投稿も相手の目に留まりやすくなります。

なお、占い師ならではの視点でお伝えさせていただきますと、自分が占った結果を使ってご自身の運気が良い日に配信をしてみてください。そうすると、やはり効果が全然違ってきます。これは私が占い師として実践していることでもあります。

実際、私の投稿での話になりますが、運気が高いときと低いときの投稿のアクセス数はかなり差が出ています。しかし、悩ましいのが、運気が良い日ほど仕事もすごく忙しいので、投稿する余裕がなかったりします。ですので、ある程度下書きをしておいて、いつでも投稿できるように準備しておき、運気が良い日に配信するのもひとつの手でしょう。

６・リストがないビジネスはビジネスではない

よくたくさんの占い師さんから、いただくご質問があります。

「Instagramを毎日がんばって投稿していますが、肝心の鑑定や占い講座への依頼がまったく来ません。どうしてでしょうか？」

この質問はよく寄せられます。ほとんどの方はInstagramを見て、フォローはするものの鑑定までは行かない人が90％と思っていただいて良いでしょう。

そもそも、Instagramは無料のエンターテイメントの一部です。そのため、「良い情報を教えてくれて、ありがとう」の意味を込めて「いいね」やフォローはしてもらえるかもしれません。ですが、そうした前提で多くの人が利用していることを踏まえると「お金を払ってまで鑑定してもらいたい」と考えている人は少ないでしょう。ですので、「鑑定依頼はDMで」と記載している場合であっても問い合わせはほとんど来ないと思っていただいていいと思います。

ここで大事なのが、あなたがもし占いをビジネスとしてやっていくのであれば、「リスト」を必ず取ることです。ここでの「リスト」というのは「見込み客」のことです。いくら良い商品を持っていたとしても、見込み客がゼロなら売り上げは0です。

しかし、そこそこの商品でも、お客様リストが1000人いれば、その商品は売れます。そのくらいお客様リストというのはとても大事なんです。

例えると、Instagram はティッシュ配りの一部にしか過ぎません。ちょっと想像してみてください。ティッシュを配っている人がいるとします。そのティッシュをもらい、その後すぐに商品・サービスを購入に至ることってあまり無いですよね？ おそらく、ティッシュの中に入っているチラシの内容を読み込んだりして、そのお店に問い合わせをし、お店に足を運んでサービスを受けるというのがスムーズな流れだと思います。

ですので、あなたが Instagram で発信活動をしている場合は、その Instagram から自分の媒体に誘導して、その方をリスト化していく必要があります。その一つの手段として、私がお勧めしているのがLINE公式アカウントです。もちろん、メルマガでも構いません。


今は、LINEはほとんどの方が使っていらっしゃいますし、到達率がかなり良いということでLINE公式アカウントをお勧めしております。このLINE公式アカウントに登録された方は、あなたの占いに興味がある方ですので実質、見込み客となります。

ただ、最近はこうしたＬＩＮＥ公式アカウントに登録してもらうことは、占い師だけでなく他のビジネスをされている方との争奪戦の時代になってきています。ですので、こちらもかなり工夫が必要です。

この件についてはまた次の項目に記述させていただきたいと思いますので、引き続きお読みいただければ倖いです。これを踏まえて冒頭の質問にお答えするなら「単に投稿するだけでなく見込み客をリスト化しておかないと、何も始まらない」ということです。

そもそも、私はかつて会社員時代に車の営業を8年半ほどしていました。やはり、ここで大事になったのが「お客様リスト」でした。私が勤めていた自動車の販売店ではこうした「お客様リスト」を「基盤」と言っておりました。まさに、この「基盤」がある人とない人では販売台数も大きく差が出てしまいます。そのぐらいお客様リストというのは大事なんです。

これはマーケティングの基礎中の基礎です。自分のお客様となりえる見込み客を多く集めること。これを意識することはとても大切です。いくらフォロワーが増えたり投稿がバスって、再生回数などが上がったり、「いいね」やコメントがたくさんついても、肝心の鑑定依頼がなければ、ビジネスとしては成り立ちません。

ですので、リストをどうやって増やしていくのか。これをよく考えてから活動をしていきましょう。そうすると、おのずといろいろな導線や見せ方などが変わってくると思います。つまり、一般的なInstagramノウハウなどは占い師には通用しないことがあるというのがここです。

7．見込み客リストを集める効果的な方法

ここまでお読みいただき、SNSのフォロワー数＝見込み客ではないということがお分かりいただけたかと思います。

それではこの見込み客のリストをどうやって集めたらいいのかということについて、大まかな流れをお伝えしていきたいと思います。

①LINE公式アカウントやメルマガ等の一対一でやりとりができるツールを準備しよう

SNSなどでのDM（ダイレクトメッセージ）で鑑定依頼をしてくる方は、ほとんどいらっしゃいません。ここでお客様と個別でやりとりができる専用のツール、及び一対多数の人に向けて配信できるツールが必要になってきます。これはインターネットで集客するうえで必須のツールです。

②LINE公式アカウントやメルマガに登録してもらうためのプレゼントを用意する

とはいえ、ただLINE公式アカウントやメルマガのリンクをSNSに貼っていても、ほとんどの人は登録をしてくれません。ここで大事になるのが「登録するとこんなメリットがあるよ」といったプレゼントを用意することです。

これはマーケティング用語で「オファー」といいます。

プレゼントの内容については、占い師であるあなたの占術にもよります。ですが、私が教えてきた生徒さんなどの状況も踏まえ、オススメのプレゼント方法やさまざまなパターンのアイデアをこちらにご紹介したいと思います。

▼命術《めい》（四柱推命・九星気学・算命学・西洋占星術など）

・年末時期に、来年の1年の運勢をプチ鑑定

・あなたの星とその特徴や性格をお教えします

・相性鑑定

▼卜《ぼく》術（タロット、オラクル、易など）

・3カ月間のあなたの金運アップ方法をお伝えします

・彼の気持ちをお伝えします
・あなたと気になる人の相性をお伝えします

▼相術《そう》（手相・姓名判断・家相など）
・手相ワンポイントアドバイス
・自分でできる！　金運アップする手相を教えます
・玄関のワンポイントアドバイス

――などなど、ピックアップしたらたくさんあります。ちなみに、このプレゼントも季節によって、人気があるジャンルなどがあります。

まず11月から2月くらいは、次の年の運気が皆さん気になる時期ですので、運勢系のプレゼントを用意すると効果的です。また、3月、4月くらいになりますと、新年度で転職や移動などがあり、いろいろと忙しい時期でもありますので、人間関係や相性、そして引っ越しアドバイス等のプレゼントはとても効果的です。

6月くらいになりますと、上半期から下半期に移り出す時期になりますので、下半期の運勢なども良いでしょう。7月、8月などの夏になると、恋愛等の意識が高まる時期になりますので、気になる人との相性やダイエット、美容の効果を上げる恋愛運アップアドバイスなども良いでしょう。

こういった形で季節によってプレゼントを変えてみるのも効果的です。というのも、季節ごとに変えることで、限定感や希少性を打ち出すことができるからです。おおよそ、私の感覚ですと、はじめて1年くらいは3カ月に1回くらい、プレゼントを変えてフォロワーさんを飽きさせないようにするのがポイントです。

③プレゼントを決めたら、詳しく丁寧に告知しよう

ＬＩＮＥ公式アカウントも準備して、プレゼントも用意した。

「けれども、全然登録してもらえない……」

こんなことがよくあるものです。ご存知のように人はなかなか動いてくれません。その理由の一つとして告知方法に原因があります。そもそも登録していただくためには、そのプレゼントの受け取り方について、詳しい画像なども入れて、わかりやすく促していく必要があります。

例えば、

「プレゼントを受け取ってください」

とだけ書いていても、どうやってプレゼントを受け取るためのLINE公式アカウントを追加（登録）したらいいのか？　わかりづらいですよね。また、そのプレゼントの特徴、どんなことを教えてくれるのか？　どんなメリットがあるのか？　もわからないものです。

ですから、いくら良いプレゼントを用意したとしても、ちゃんとフォロワーさんにプレゼントの受け取り方やそのプレゼントの魅力が伝わらないと、なかなか登録はしてもらえません。こうした点でつまずいてしまうと、もったいないことにそこで離脱してしまいます。

そのため、Instagramでは私は右ページのように、わかりやすく表示をしておりますので、ぜひ参考にされてみてください。

8・オンラインでお金を払っていただくまでのプロセスとは？

ここまでのお話で単にSNSをするだけでは売り上げにつながらないことをお分かりいただけたかと思います。これからは全体像を含め、Webでお客様に実際に鑑定を受けていただくまでのプロセスを順を追って説明していきます。

①SNSがティッシュ配り

まずSNSで、たくさんの人にあなたが占い師として活動していることを知らせます。ここで大事なのが、投稿を定期的に継続することです。ここで発信活動をしないと、なかなかお客様を集客するのは厳しくなってきます。なので、みんな一生懸命、毎日更新や3

日に1回更新をされているのです。

マーケティングの基礎がわかっている方は、SNSなどの無料で見られる媒体でいかに有益な情報、そして共感できる良い情報をお伝えしているかが分かります。実際、私の生徒さんから次のような報告を受けます。それは、マーケティングを学び出して、雑誌の取材や占い会社からのオファーなどがよく来るようになったということ。このように手を抜かず発信活動をしていると、お客さまとなる方だけでなく第三者も見てくれたり、評価してくれるようになります。すると〝売れる人気の占い師〟になっていくわけですね。

そもそも、そうしたインフルエンサーとなるような方々は、人が見ていないところで地道にコツコツ取り組んでいるものです。もちろん、真面目に取り組んでいるからこそ、先が見えず不安になったり、目的や意義を見失ってやる気を失ったりします。私も同じような状態を経験したからこそ、あなたの気持ちもよくわかります。

ですが、**今は目に見えない将来のお客様との出会いを楽しみにしながら、根気強く、発信していくこと。これに尽きる**のです。また、この第一段階ができないと、おそらくフリーランスの占い師としてやっていくのは厳しいと言っても過言ではありません。とはいえ、熱心に勉強しているあなたなら乗り越えていくことができると私は信じています。

②LINE公式アカウント、メルマガはレジの役目

ＳＮＳで定期的に情報発信をし、ＬＩＮＥ公式アカウントやメルマガに登録していただいた方に有益なプレゼントを配ります。ここから肝心な売り上げにつなげていきます。過去の内容と重複しますが、なぜＬＩＮＥ公式アカウントやメルマガに登録いただいた方が「見込み客」になるのかを確認しましょう。

まず、ＳＮＳなど無料で利用できる媒体でフォローされます。それから定期的に投稿を見ていくうちに「この占い師さんのことを、もっと知りたい」と思ってもらえます。次にプレゼントの受け取る手順、魅力を知り、ＬＩＮＥ公式アカウントに登録してもらったわけです。

このようなプロセスを辿り、わざわざＬＩＮＥの登録までしてくださる方の立場になってみてください。きっともっと価値ある内容が届くと期待していることでしょう。それと同時にあなたのお客様に一番なりやすい方と言っても過言ではありませんよね。ですので、このＬＩＮＥ公式アカウントやメルマガの配信はさらに重要になっていきます。

ここで大事なのは、マーケティング用語では教育、いわゆる「価値提供」をＳＮＳよりももっとレベルの高いものにしていかなくてはいけません。

よくＳＮＳの情報と同じ情報をＬＩＮＥ公式アカウントで発信している人がいます。け

れども、先ほどのようなお客さんの行動プロセスや期待感を考えてみてください。きっとそれでは「SNSをフォローしておけばいいよね?」という心理になり、ブロックやメルマガ解除される原因となります。

そのため、SNSとLINE公式アカウントの情報は同じことを配信しないようにしていくのがコツになります。とはいえ、SNSと違った内容を配信していてもブロックされることもあります。ですが、そこは気になさらなくて全然大丈夫です。

むしろ、LINE公式アカウントなどは無料アカウントですと、配信数が200通までと決まっています(2023年9月現在)。それを踏まえれば、興味がない方はブロックしていただいたほうがこちらとしてもありがたいのです。本当に必要としている方に届けるためにご協力いただいたのだと解釈を変えてみましょう。

ですが、取り組み始めの方だとブロックされたことにショックを受けたりするものです。とはいえ、先ほどの自分の占いを本当に必要とされる方との素晴らしいご縁を意識すれば、少しずつ気にならなくなります。

ですので、配信はより質の高いものをしていきましょう。コツとしましては、月に1から3回くらいが理想です。ご存知のようにLINEは日常のやり取りで使うものですから、あまりたくさん配信をしてしまいますと、少しうざいと思われてしまいブロックされる原因になってしまいます。

月に1から3回程度の配信で収めておき、そのうちの2投稿は有益な情報で販売をせず、一つの投稿は販売をする。といったように、販売ばかりではないけれども価値提供だけではないという割合がLINE公式アカウントでは効果的になります。もちろん、販売をした後はブロックが多くなりますが、ここで適切に販売をしないといつまでたっても売り上げになりません。

そもそも、考えてもみてください。SNS、LINE公式アカウントはそれぞれの人に合ったパーソナルな価値提供ではありませんよね。

もしも本当にお客様のことを思うならば、しっかりとこちらが価値を伝え、鑑定などを買ってもらわなければ双方のためにはならないのです。ですので、ここは勇気を出して商品・サービスをお知らせしましょう。

③ブログはお店などの店舗や掲示板の役目

SNSで興味を持ってもらい、LINE公式アカウントで配信して商品などの案内をする。その際に欠かせないのがブログ及びホームページです。というのも、SNSとLINE公式アカウントは情報発信には適しているツールですが、情報を整理することに適しているツールではないのです。

ですから、あなたの占い師として活動を上手に見せるためにも、ブログやホームページはあらかじめ作っておきましょう。このときに大事なのが、無料ブログを使用しないことです。今のご時世、ブログもＳＮＳと同じように無料で使える媒体が今はたくさんありますが、お勧めしません。


その理由は二つあります。

一つ目は、無料のブログは広告等が多かったりして、読んでいる相手が集中できなくなります。さらに、あなたのライバルの広告などが表示されていたらどうでしょうか。となると、ライバルの鑑定を受けてしまって、自分の売上にはつながらないですよね。自分のブログで他のサービスを宣伝している状態と考えてください。無料で使えるツールはすべてがそういう仕組みになっています。さらに、レベルが高い人たちは「この人は無料ブログを使ってるな」とわかるのです。そうした人たちは高いお金を払ってでも価値をあるものを手に入れたいと考えています。つまり、価値を重視しているのです。ですから、無料だと安っぽく見えてしまって、価値を感じてもらいづらくなります。

実際、私のマーケティングの生徒さんにも、ブログを無料のブログから有料のツールを使ったブログに切り替えた途端に、経営者などの少し今までよりレベルアップしたお客様からの鑑定依頼が増えたと報告があるくらいです。ぜひ、意識してみてください。

二つ目は、無料ブログだと、これからお伝えする有料広告に使えないからです。この件は後ほど、じっくりお伝えいたしますが、無料ブログですと、広告との連携ができずに、広告特有のセグメントの細かな設定などに向かないからです。

中長期的に考えると、あなたが占い師として成功していくためには不十分になっていくことでしょう。となれば、先にしておいたほうが後々楽になります。こうした点も頭に入れてもらえればいいでしょう。

——以上になります。さて、ここで必要なルーツと流れを確認しましょう。

ＳＮＳ
←
ＬＩＮＥ公式アカウント及びメルマガ
←
ブログ＆ホームページ

となります。以上の準備をして、効果的に見込み客から売り上げを作っていきましょう。

9・占い師としての新しいツールとの向き合い方〈中級〉

さて、これまで占い師としてオンラインで稼いでいくための流れをお伝えしてきましたね。

ご存知のように時代の流れによって、さまざまなオンラインのツールが増えてきています。そこで、大事な考え方があります。

そもそも、いろんな新しいものがどんどん出てくるなかで、その時代の流れに乗っていかないと取り残されてしまうのではないか、乗り遅れてしまうのではないかという不安が、この中級者くらいになると出てくると思います。

・今までずっとInstagramやってるけど、もう古いのではないか？
・ブログはもう淘汰されるのではないか？

——等々、いろいろなことが頭に浮かんでくることでしょう。

ここで心に留めておいて欲しいのが、新しいことばかり追いかけないことです。もちろん自分改革のために新しいツールを勉強したり、取り入れていくことは素晴らしいことです。

ただ、あなたがしていることは何でしょうか？

本質的には占い師としてお客様に価値を提供することですよね。それは変わらないはずです。ですから、それを踏まえて、どうツールを取り入れるべきか考えるべきです。でなければ、ただ新しいツールに詳しい占い師になってしまうだけです。

さらには、新しいものが出たからといって次々に取り入れすぎて、今まで築き上げたものをなくすのもすごくリスクですし、今までのファンが離れていってしまう可能性もあります。

ここで私がアメリカのマーケティングを学んでいて大事なことに気づかされて学んだことをお伝えしたいと思います。それは……、

「新しいものに飛びつくばかりでなく、これまで10年間、知名度があったツールをこれからも使うこと」

です。これはきっと、これから先のマーケティング活動にも役立つと思います。

実際、Amazon の創業者ジェフ・ベゾス氏も、

「この先の未来はどう変わりますか？」

「5年後、10年後、何が流行りますか?」
「そのために今何をすれば良いですか?」
と聞かれて、次のように答えたそうです。
「10年後どんな風に変わるかなんて誰も分からない。それよりも、10年経っても変わらないことのほうがよっぽど重要だ。10年経っても変わらないことが分かれば、それをビジネスの根幹にできる」と言っています。

ここで思うのが、まだブログは古いものではなく、これまで20年間、皆さんがインターネット検索で利用されてきたものです。これからは動画や音声が主流になってくる時代になるかと思いますが、これまでもこれからもブログは必要なツールになると私も思っておりますので、多分やめないと思います。

そして、実際に占い師をして思うのですが、占いが好きな方は文章を読む習慣がある方が多い傾向があります。年齢層も若い方をターゲットにするより少し年齢が高い方をターゲットにするほうが売り上げも上がっていきます。

そうなると、40代から60代の方々はまだまだ文章を読まれる傾向にあります。これから動画なのかと思い、私も自分のオンラインサロンなどで、

・動画コンテンツが良いか
・記事が良いか

にアンケートを取ったところ、7割くらいの方が「記事が良い」と回答いたしました。これからは動画の時代だと思っていたのですが、まだまだ文章やアナログのほうが安心するという方が大変多かったことに私も驚きました。

ですので、いくら自分が進んだものを取り扱っていたとしても、それがターゲットのお客様に馴染んでいないものであれば、それは売り上げにはつながらないのです。これを踏まえて、新しいものを取り入れれば良いという考え方ではなく、自分がターゲットとしているお客様や救いたい方々がどういったツールを好む傾向にあるかというのを徹底的にリサーチしたうえで使うツールを決めていってください。

私自身はまだまだ、

・ブログ
・メルマガ

こちらは続けますし、今もブログやメルマガから定期的に売り上げがあります。

10・音声・動画コンテンツの違いと、なぜ配信すべきなのか？

　さて、ここでは動画コンテンツと音声コンテンツについてお伝えしていきたいと思います。もしかしたら、あなたもすでにYouTube、Instagram内の動画ツールである「リール」機能などやPodcastなどを配信しているかもしれませんね。ご存知のようにそれぞれのプラットホームが発達し、利用者が増えていくことが見込まれます。

　これまでお伝えしてきて、InstagramやＬＩＮＥ公式アカウント、ブログなどで文章で情報発信をしてきて慣れてきた方は、次は動画や音声で配信活動の幅を広げていくのもいいでしょう。

　なぜ私がはじめから動画をお勧めしないのかというと、少しずつ階段を上っていくようにステップアップしていったほうが継続しやすいからです。逆に言えば、すべてに取り組むことは難しいからです。

　もしかしたら、起業塾などでは、まず「ライブ配信しなさい」や「動画コンテンツを作りなさい」とお伝えしている先生もいらっしゃるかもしれません。ですが、ライブ配信も動画コンテンツも、先ほどお伝えしたツールにも慣れていないのにも関わらず手を出してしまうと、難易度が高すぎるので続けるのが辛くなってしまいます。

ですので、ハードルが低い文字や画像で情報発信に慣れていき、それから次の段階として動画や音声コンテンツを配信していくことをお勧めしています。まず、なぜ動画や音声コンテンツのハードルが高いのかといいますと、動画コンテンツはそこそこのパソコンのスペックがないといけません。

もちろん、ご自身の姿をスマホで撮影してアップロードするというやり方でも良いでしょう。しかし、自分の顔をさらけ出すのが嫌な方だったりとか、容姿に自信がないなど顔を出すときはハードルがあります。視聴者も、顔を見て「なんだか、この人の顔が気に入らない」といった理由で心理的なフィルターがかかってしまうことも事実です。

または、動画には字幕をつけたりと「編集」することが必要になってきます。もちろん、編集なしでコンテンツを出しても良いです。ですが、できればちゃんと編集し「えー」「あのー」などを取ったり。あるいは、空白の時間等を作らないような配慮が必要になってきます。そうしたクオリティーの低い動画は素人感が出ますし、結果として再生回数にも響いてきます。

さらに、動画コンテンツにはシナリオ・台本づくりやセリフ等も準備しなければなりません。もちろん、話すのが得意な方もいらっしゃるかもしれませんが、話せない方も多いと思います。おそらく、最初のころは一発勝負では難しく何度も撮り直すことでしょう。

正直に言いますと、私も最初は動画コンテンツがとても苦手でした。画面越しに自分の話を伝えるとどうしても詰まってしまって、話せなかったんです。私の場合、たくさん鑑定をしたり占い講座をしてから、ようやく滞りなく話せるようになりました。そうしたことから少しずつ自信をつけて、占い師になって5年目くらいから動画コンテンツを始めました。

もしこの本を読んでいただいてるあなたが、そういった壁がなく、すらすらと話せるのであれば、ぜひ動画コンテンツYouTubeなどはInstagram等よりもたくさん配信すると、登録者数が増える速度が速いので、動画を出していってください。

次に音声コンテンツですが、こちらも高度な話すスキルが求められます。さらに、一発勝負で話し続けなければなりません。10分間話すだけでも結構、苦労するものです。なぜなら、いろいろな知識がないといけませんし、誰も話し相手がいない状態で話し続けるのは難しいからです。ですから占い師を始めて間もない頃は、ハードルが高いと言えます。

そういった理由で、ある程度文字コンテンツに慣れてきたら、動画音声コンテンツを始めてみてください。それでは動画コンテンツと音声コンテンツのメリットやお客さん層の違いについて解説していきます。

①動画は新規見込み客の獲得のため

YouTube などは今テレビの代わりになっているツールですので、見る人の数が圧倒的に多いというのがメリットです。ですので、３日に１回でもコンテンツをアップロードしていけば、登録者数はあっという間に伸びていくと思います。宣伝効果も抜群です。

ただし、私も経験があるのですが、結構、辛辣なコメント等がくる可能性があるので、その点は留意しておいたほうが良いでしょう。

②音声は見込み客とさらに深い絆を作るため

音声を配信するサービスは今では Podcast といいます。昔はラジオという位置づけでしたが、最近は Podcast と言われています。Podcast は、新しいお客様を集めるツールではなく、どちらかというとお客さんをもっとファンにさせる、濃いファンを作るためのツールと思うといいでしょう。ですので、Podcast からは新規のお客様はそれほどは見込めないと思っていただいて良いでしょう。

ただPodcastのようなファンづくりという目的であればとても効果的です。なぜなら、よく聞いてくださる方はファンになってくださり、鑑定や占い講座を受けてくださる確率はかなり高くなるからです。

実際、私も占い講座やオンラインサロンに申し込んでいただいてるお客様に申し込むきっかけや経緯などをお伺いすると、

「Podcastを2周ぐらい聞いていました。Accoさん（私の占い師名）の考え方がとても好きです」

「自分の心のバイブルにしています」

などPodcastは相手のファン度を深められる可能性を秘めています。

また、動画と違ってPodcastは耳のみで聞くので、家事をしながらや運転しながらなど、ながらで聴くことができ、ダウンロードも可能なのでギガ数をあまり使わないなどいろいろと良い点もあります。Podcastは、もしあなたがお話ができるのであれば、ぜひ取り入れてみてください。

11・なぜ安定集客には有料広告は欠かせないのか？〈上級〉

これまでSNSなどでできる無料で集客する方法をお伝えしてきましたが、もっと上級クラスになると、無料の集客だけではやや不十分といった実感を抱き始めるでしょう。

ここで次のステップとして、有料広告の大事さをお伝えしていきたいと思います。ご存知のように大手企業などは広告費をたくさん使っていらっしゃいますよね？

例えば、

・テレビでの広告
・電車やバスでの中吊り広告
・雑誌等でのスポンサー
・イベント等での協賛

……などなど私たちが目にするところには必ず広告があります。しかし一般の人からすれば「広告は嫌なもの」と認識しがちです。

ですが、ここで視点を変えて欲しいのです。小さい会社から大企業になった会社。あるいは成功しているビジネスパーソンたちは有料の広告を使っていないでしょうか？

実際、私はマーケティングの師匠からこう教えられました。

「成功している個人事業主や企業は皆、有料の広告を使って集客している」

もちろん、広告費を払えるくらい成功しているという見方もできるかもしれません。たまにYouTuberさんが、SNSで広告を出すようになると、「あーこの人も落ち目だな」と言われることがあります。

では、なぜ彼らは広告を使うのか？　それはもっと多くの人々に自分の商品・サービスを届けるために使っているのです。その視点に立てば、広告は嫌なものではなく、むしろ素晴らしいものと思えてくるのではないでしょうか。他方、自分がこの有料広告を使うことに抵抗がある方がほとんどです。ですが、私はこの有料広告を活用することにより、集客が本当に安定してきました。無料集客ですと、本当に振れ幅が大きいんです。良いときと悪いときの落差が激しいのです。

しかし広告ですと、1回セットしてしまえば後は、どんどん回っていってくれますので、安定してお客様を集めることができ、売り上げにもつながっていきます。

コツは、365日24時間広告を回し続けること。そして「広告費は家賃」だと思いなさい。——これが私がマーケティングの師匠から教わったことです。もちろん最初は抵抗があるかもしれません。しかし慣れてくれれば、これほど心強い集客手段はないと気づくでしょう。それでは次の項目では、具体的にどんな広告を使うと良いかをお伝えしていきたいと思います。

12・100円台から広告を使えることをご存知ですか？

これまで、有料広告の大事さをお伝えしてきましたが、ではどの広告を使ったらいいかのお話をさせていただきたいと思います。

私がまず一番にお勧めするのは、『ｍｅｔａ広告（Facebook & Instagram 広告）』です。なぜかというと「ｍｅｔａ広告が一番初心者に適している」からです。そもそも、Facebook を含む Google、YouTube、Twitter といったあらゆる広告を試してきたマーケティングの師匠曰く「ｍｅｔａ広告は投資対効果の面で新規参入者に合っている」と言います。

ご存知のように世の中では次々と新しいＳＮＳが登場しています。２０２３年現在であれば、TikTok なんかがそうでしょう。

とはいえ、GAFA（Google, Apple, Facebook, Amazon）と呼ばれる米国の最先端ＩＴ企業の一角を担うｍｅｔａは世界最大のＳＮＳといっても過言では無いですよね。実際、膨大な個人情報を持っていますから、その情報を元にした広告のＡＩはとても高精度です。ですから、狙っているターゲットに対して広告を表示することができるのです。

もちろん、Google 広告や YouTube 広告なども効果的だと思いますが、いろいろ設定が難しい面もあります。ですから、初心者が最初に有料広告を使うとすればｍｅｔａ広告（Facebook & Instagram 広告）が良いでしょう。

また、ご存知の通り Instagram は Facebook の子会社です。ですので、Facebook に広告を出すと自動的に Instagram にも展開することもできます。現在、Facebook は比較的年齢層が高いユーザーが使っていますが、Instagram は比較的若いユーザーが使っているＳＮＳです。そうした側面を考えると幅広い年齢にアプローチすることができます。

そして、Facebook & Instagram 広告は広告費が安価なところも魅力です。広告と聞くと、数十万、数百万円ましては数千万円ほどかかるようなイメージがありますが、Facebook は１日１００円台から広告を出稿することができます。そうした面も初心者には向いています。

実際、私もはじめは１００円台から始め、現在は１日５００円〜１０００円くらいで広告代を出しておりますが、そこからお客様のリストが毎日数件と集まっています。ですので、こんなに素晴らしいツールを使いこなさない手はありません。

ただ、気をつけていただきたいのが、とりあえずｍｅｔａ広告（Facebook & Instagram 広告）を出したらいいんだなと思い、単に広告を出稿すること。YouTube やネットなどで簡単に調べて、広告出稿しても結果が出ずに、お金をドブに捨てるようなことになりかねません。

かくゆう私も最初は何もわからず、簡単に動画やネットで調べて、広告出稿していたので、何も売上が上がらずただ広告費を使っている状態で痛い目を見ました。ｍｅｔａ広告（Facebook & Instagram 広告）では、自分のホームページに訪れた人に広告を流す設定や、この広告を見てメルマガに登録してくださった方の数や進捗等が分かります。

ですので、闇雲に広告を流すだけでは、リストが集まりにくいんです。初心者は広告運用のプロに教わり、ちゃんとｍｅｔａ広告（Facebook & Instagram 広告）の使い方を理解して運用することが大切になるでしょう。実際、私もそのようにしたことで、どんどん結果が出るようになりました。

ｍｅｔａ広告（Facebook & Instagram 広告）については、混みいった話も多いので、これだけで本一冊分になると思いますので、ここでは割愛させていただきます。

ですが、広告の運用を学びたい方はｍｅｔａ広告（Instagram & Facebook 広告）を教えているプロにお金を支払って指導してもらうのが良いでしょう。そして、自分で運用できるようになるのが、長い目で見たときにいいと思います。もちろん、私でもお力になることがあれば力になりたいと思っております。

いずれにしろ、少しお金に余裕が出てきたこの上級クラスの方々であれば、有料広告でＳＮＳ広告などをいろいろ試して、無料広告だけではなく、さらに次のステップに踏み込むことをおすすめします。そうすると新しいタイプのお客様にも出会えますし、自分自身とても勉強になります。

第3章

リピートや紹介を増やす鑑定の進め方

1・鑑定を受けてもらうためには？〈初級〉

占い師としてお仕事をしていくうえで、最初の基本的なお仕事はズバリ「鑑定」です。
もちろん、占い師の中にもいろんな種類の占い師さんがいらっしゃいます。
・ライター占い師
・電話占い師
・チャット占い師
・ライバー占い師
などなど。他にもイベントに参加するイベント占い師さんなど、占い師の活躍の幅は今ではたくさん広がっています。とはいえ、占いを勉強した後の流れとしては、鑑定に移るのが一般的でしょう。

そもそも、この鑑定こそが占い師が最初に通る道だと思いますし、むしろ通っていかないといけない道だと思います。
ちなみに、後半では、上級編として占い講座の講師にも触れますが、これは鑑定をある程度こなし、実績や経験がある方でないと務まらないと思っています。

これはなぜかというと、占いそれ自体を教えるにあたり、さまざまな質問が生徒さんから寄せられます。質問の中にはなかなか回答に困る質問なども混ざっています。そのような場合、ある程度の鑑定の人数を経験してないと答えられない内容のものも少なからずあります。ですので、まずは何人鑑定するという目標を立てて、それを達成したら占い講座をするといった流れが良いでしょう。

少なくとも影響力がある占い師になるまでは、やはり１０００人から２０００人は鑑定しておかないと、なかなかリピーターや紹介につながらないでしょう。このように占い師にとってやはり鑑定が一番の基礎中の基礎です。

しかし、第一段階の壁として立ちはだかるのが、鑑定を受けてもらうこと。この鑑定を受けてもらうためには、少し精神論になるかもしれませんが、ひと言でいうと人柄や人徳です。やはり「この人にお願いしたいな」という人柄や人徳を作り上げないといけません。

これについては第1章でもお伝えしましたが、人としてちゃんとしていることが大事になってきます。ほんとに当たり前のことですが……

・挨拶をちゃんとする

・いただいたご連絡に早めに返信する
・ちゃんとお礼をする
・間違ったときはお詫びをする
――こういったことがまず大事になります。


忙しくて返信が遅れてしまい、結局返信を忘れてしまう方。あるいは、プライドが邪魔してしまい謝るべきところを謝らない方。気分屋で、メンタルに波がありすぎる方。など私も数々の占い師さんや占い師の卵を見てきて思うことがありました。

もしくは、こちらが聞いたことに対して返答はせず、自分が聞きたいことだけ聞いてきたりする方もいます。もちろん、これはお客さんに対してではありませんが、普段の接し方がお客さんにも出るのは当然のことでしょう。

こういった、やや自己中心的にお見受けする方は、ほぼ間違いなく人気占い師さんにはなっていません。本当に当たり前のことなのですが、常に相手を尊重する姿勢を持っておくことが大事です。

もちろん、これは日々の些細なことでもあります。しかし、これが簡単なようで難しいのです。今まで自分は人に思いやりをもって接してきたか。あるいは、自分の言動で相手を傷つけてないか？　などなど改めて今一度振り返って欲しいのです。

なので、あなたがこれから占い師になり、いろんな方のお役に立ち、たくさん収入を増やしていきたいのであれば、まず基本の基本である人間性を磨くことを一番に考えてください。

こうしたことが後々のあなたの占い師としての実績につながっていきます。

2・鑑定メニューの種類

よく占い師の卵さんたちに聞かれる質問があります。それは、鑑定メニューを作る際に何か基準などありますか？　というものです。

とはいえ、こうした鑑定メニューの作り方の前段階として、そもそも鑑定にはどんな種類があるのかを予《あらかじ》め理解しておくと、全体像が分かり、メニュー作りがスムーズになるでしょう。

それでは早速、お伝えしていきたいと思います。

①文字だけで鑑定

文字だけで鑑定する占いには主に、メール占いやチャット占いがあります。

最近ではＬＩＮＥ占いなどもこちらに当たります。事前に相談内容をお客様より伺い、お渡し方式は文字で鑑定結果を送る方法です。あらかじめ鑑定書の雛形を作っておいて、ＰＤＦ方式でお渡しするのも可能です。

このようなテキストデータでのやりとりは、時間や場所に拘束されないメリットがあります。なので、自分のペースで仕事を進めることができます。また、会社員をしながらでも勤務後や休日などの時間を使って鑑定ができます。

一方、文字だけの鑑定には次のようなデメリットがあります。それは価格が安いという点です。今回、文字以外の鑑定方法として3つの種類を取りあげていますが、文字だけで鑑定するやり方は一番安い金額でやりとりされると思って良いでしょう。

例えば、何かを学ぶ場面を思い浮かべてみてください。大学・専門学校に通うと年間何百万円かかりますよね。しかし、こうした学びの投資の中で一番安いのは本です。これはわかりますよね？

ご存知のように本というのは、たくさんの情報が入っているにも関わらず、値段は10

00円から3000円程度です。これは本が一つの情報を複製できるという性質もあります。

ですが、ここで私が言いたいのは、一般の人々は文字だけの商材に対して高額を支払うことに慣れていないのです。

つまり、文字だけの商材ですと高い価格で買ってもらいにくいのです。

ですので、鑑定書等もA4サイズ1枚につき最高で1000円から2000円くらい。なかには1万円くらいで売られている方もいらっしゃいます。ですが、文字だけですと、そんなに高い金額では売れないと思っていただくと良いと思います。

とはいえ、例外もあります。たくさん鑑定してきて、実績がある人気占い師さんや不倫などの難易度が高い鑑定内容でしたら、高額でのメール占いなどでも良いかもしれません。ですが、メール占いでも高額になると1万文字以上などかなりの文字数を書いていかないといけません。さらに読みやすい文章にするための勉強なども必要でしょう。

もしもあなたがこうした条件を満たしているならば、高額な金額で提供してもいいかもしれません。

②電話などの音声のみで鑑定

先ほど学びの投資の中で最も安いのが本だとお伝えしましたが、次に安く売られているのが音声です。その次が動画でしょう。かつては、ビデオやＤＶＤ等で販売されていましたよね。こちらは本よりも伝えられる情報が多いこともあり、３０００円から1万円くらいで取引されているのが相場だと思います。

鑑定形式で言えば電話占いが該当すると思います。こちらについては、電話でやりとりをし、鑑定結果をお伝えしていくわけです。メリットは、お互いが顔を出す必要がないことです。

一方、デメリットは相手の顔が見えないため、どんな表情をしているのかがわからないことです。そのため、鑑定におけるレベルの高さが要求されるでしょう。さらに、電話占いの特徴は質問に対してすぐに答えなければならないことです。

しかし、タロット占いや霊視などのリーディング方式の占い師さんなどには相性がいい分野だと私は思っております。

とはいえ、事前に生年月日の情報収集ができる状態であれば、前述ではない占い師さんも電話鑑定は可能です。もしくは、時間に縛られたくない場合は、あらかじめ相談内容を聞いて、録音データとしてお渡しするのもいいかもしれません。

ただ、音声データでのお渡しですと、慣れてない場合は「えー」や「あのー」など無意味なつなぎ言葉を連発したり、沈黙の時間が流れてしまったりと相手に不快な印象を与える可能性もあります。

ですので、話すことが苦手な方はスムーズに話すための練習等が必要かもしれません。

③対面もしくはオンラインで顔を見ながら鑑定

こちらのスタイルが一番王道であり、金額を高く設定しやすい形式になります。ここまでお伝えしてきた通り、最も価格が安いのはテキストデータ。次に音声。動画と続きます。これらは複製が可能な「コンテンツ」ですし、パーソナルではなく、複数の方に同じものを提供できる特徴があります。そうした特徴のために支払われる金額はそう高いものではなくなります。

一方、実際にお会いしたり、オンラインで提供され、同じ時間を過ごす鑑定はもちろんのこと。コンサルなどと同じように高い価格で取引されるものです。なぜなら、こちらは、複製することができないパーソナルなもの。

例えば、スーツでも既製品よりもオーダーメイドの商品は値段が高くても納得されますよね。つまり、相手の悩みや困りごとに沿ったオーダメイドの価値提供になります。ですから、高額でも納得してもらいやすくなるのです。

また、占い師になりたての場合でしたら、この形式の鑑定を一番最初に取ることをおすすめします。なぜなら、お時間をとってお顔を見ながらお話しすることは鑑定の経験値も貯まりますし、お客様にとっても満足度が高いからです。

結果として、ファンになってもらえ、リピートや紹介へとつながっていくでしょう。もちろん、自分は書くこと・話すことが得意という方は先ほどお伝えしたテキスト・音声の鑑定などいずれの形式でも構いません。


――さて、いかがだったでしょうか？

以上、3種類が鑑定の形式となります。次の項目では実際にこの鑑定の種類を使いながら、どのような鑑定内容・時間・金額設定すればいいかもお伝えしていきたいと思います。それらを踏まえて、引き続き読み進めていただければと思います。

3・鑑定メニューの作り方

ここからは、鑑定メニューを作る際に大事な3項目をお伝えしていきます。この3項目をそれぞれ紙やスマホのメモアプリなどに書き出してみてください。そのようにして、じっくりメニューを練り上げていきましょう。

もちろん、メニューはあなたの状況などに応じて、内容や金額等は変更していいと思います。レベルアップのためにいろんな勉強をしたり、鑑定人数が増えて経験値が貯まっていくなかで、的中率が上がり、評判や実績が積み上がっていくことでしょう。

その結果、お客様から素敵な感想などのお言葉をたくさんいただくようになったり、捌《さば》き切れないような人数になってきて、目の前のお客様に満足いく鑑定ができないと感じるようなときは、思い切って値上げするタイミングだといえます。

①占術の内容

まず、鑑定の内容です。ぜひ、あなたが今まで勉強してきた占術の内容を洗いざらいピックアップしてみてください。まだ一つしか占術を習ってない場合は一つのみでかまいません。

ちなみに私は、占い師になりたての頃は最初から複数の占術を学ぶことはお勧めしておりません。というのも、1年から2年ぐらいは一つの占術を極め、モニターを集め、フィードバックをもらい自分の鑑定を磨くことが最も大事だと思っているからです。

そのうえで、この占術はもう充分にマスターしたと思った後に、次の占術を学ぶことをお勧めします。占いはいろいろなところで繋がっています。一つの占術を極めることで、それに気づくことができ、別の占術の習得も早くなるからです。

さらに、学び始めのうちにいろいろな占術に手を出してしまうと弊害もあります。そもそも、占術は一つ習得するのも大変です。なのに、複数あると理解が追いつかず、結局諦めてしまって、前へ進めない方がたくさんいらっしゃるからです。

なお、占い師になって数年経ってくると占術の3つの大きな要素である「命、卜、相」をご相談に応じ、それぞれを使い分けていくやり方が良いかもしれません。

例えば——

・命：四柱推命、九星気学風水、算命学
・卜：易
・相：顔相、家相、姓名判断

といった形にすると東洋でまとまっており、東洋占術や東洋思想が好きな方には相性がいいでしょう。

また、西洋系が好きな方は、
・命：西洋占星術、数秘術
・ト：タロット
・相：手相
などの組み合わせは理想的かもしれません。ぜひ、経験年数や占いのスタイルに変化をつけたいと考えている方は参考にされてみてください。

②時間

次は、鑑定時間について考えていきましょう。時間については、いろいろなスタイルがあると思います。

例えば、電話占いだと1分300円からなど1分単位で設定してある方もいらっしゃいます。とはいえ、フリーランス型の占い師であれば、ある程度の時間を設けておくことをおすすめします。そもそも、10分や20分ですと、ほとんど鑑定というよりお客様の話を聞いて終わる流れになってしまいます。ですので、最も短い時間でも30分から設定しておいたほうが無難でしょう。

ところで、プランについては3つの選択肢を意識して作っておいたほうがいいです。例えば、「松・竹・梅」といった形で設定しておくと、人の心理で真ん中のプランを選ぶ傾向にあります。

ですので「ちょっとこれ高すぎて誰も申し込まないよね？」というようなプランをあえて上級コースとして設定しておくのもマーケティングのコツです。

その前提を踏まえ、私が設定している鑑定時間は、

・60分
・90分
・120分

この3つで設定をしています。さらに10分延長ごとにいくらといった（もちろん、状況によって金額が変わっていますが）延長料金も設けております。ぜひ、鑑定時間についてはこうした点を参考にしてみてください。

③料金

さて、多くの占い師の方が気になるのがこの料金設定です。占い師になりたての頃は、10分500円から1000円で設定すると良いでしょう。もしくは、たくさん人を鑑定し

たいという考えがあれば、もっと安く設定していただいても構いません。

ちなみに私の例でいうと、まだ占いの資格もなく、師匠などから習ったことがない独学の状態のときは、30分５００円ほどでイベント等で鑑定をしておりました。ただ、この価格設定だと内容と価格が見合っていないので精神的・体力的にとてもきつく、１日７名くらい鑑定した後に、次の日寝込んでしまうこともありました。

そのため、安い金額は常時の価格ではなく、イベントなどのスポット価格として設定し、活動すると良いでしょう。とはいえ、こうしたイベントで出会ったお客様がファンになってくださり、結果としてリピートになる場合もあります。ですので、時と場所を考えて、こうした限定価格を活用することをおすすめします。


さて、ある程度慣れてくると10分１０００円くらいに設定をし、後々値上げをしていくのも良いでしょう。ただ、ここでよく聞くのが起業塾や占い師養成講座などで「最初から高い金額に設定すべき」という教えです。

もちろん、こうした意図や考え方もわからなくもないですが、お客さんの立場に立ってみてください。実際の能力や経験が乏しいにも関わらず、それに見合っていない鑑定料を支払うことになったらどうでしょう？

きっと嫌な思いや不満を持つでしょう。おそらく、二度とあなたの鑑定を受けてくれないばかりか、悪評すら流される可能性もあります。そんなことになったら目も当てられないでしょう。

なので、自分が初心者だと自覚がある方は占いの精度を上げたり、実績を作るまでは安い金額で経験を積むプロセスが必要になると思います。ぜひ、そうした過程を経て徐々に値上げをしていってください。そうすることで、自分も納得することができ、次に進むことができます。ちなみに、値上げについては中級の項目でさらに詳しくお伝えしていきたいと思います。

4・告知方法

自分の占術についてしっかり勉強した後、鑑定メニューも完璧に作り上げた。そして、ここで大事なのが告知です。もしもあなたがどんなに良い鑑定ができたとしても、それを人に知ってもらえないと鑑定を受けてもらえないでしょう。

この告知においてその他大勢の占い師さんと差になるのがリストを持っているか持っていないかの違いです。第2章の集客方法の内容でもお伝えさせていただきましたが、今一度こちらを再度読み込んでいただくことをお勧めします。

あくまでも極端な話ですが、鑑定がほどほどでもリストがたくさんある人はどんどん売れていきます。売れることはすなわち経験を積むことにもなります。ですから、当然として鑑定のスキルも上がっていきますよね。

もちろん、占い師は勉強も大事です。ですが、その内容をお客さん相手に実践することが最も占い師として成長していく鍵になります。何事も実践しないことには、机上の空論になってしまうからです。

おそらく、鑑定すると勉強したことの答え合わせができるでしょう。その反面、外れてしまうこともあります。しかしそのときに、どうして当たらないのか？　と自省することも成長につながります。

場合によっては、現状の占術を補完するような他の占術を学ぶ必要も出てくるでしょう。でも、それは実践したゆえにお客様にもっと喜んで欲しいという思いから来るもの。結果として、学びへのモチベーションにもつながります。

話を戻すと、そのためには告知が必要であり、もっと言えばリストづくりが欠かせません。そして、そのリストとはＬＩＮＥ公式アカウントやメルマガの登録者になります。

第2章でもお伝えしたと思いますが、「SNSのフォロワー数＝お客様リスト」ではないのです。SNSはあくまでもティッシュ配り。あなたの存在を知ってもらうことであり、お客様候補であるリストとは別物なのです。

そのため、占いを学び始めの段階ではSNSで占術について自分が思うことをたくさん発信していってください。すると、ご興味を持ってくださった方がLINE公式アカウントやメルマガに登録してくれます。

あるいは、SNSなどで無料のモニター鑑定などをお知らせします。そこで鑑定を受けていただいた方々にLINE・メルマガに登録いただく流れが良いでしょう。そうやってお客様リストをできれば最低100名ほどは集めておくことをおすすめします。

告知はそれからになります。

そのうえで、気をつけておいたほうが良いことがあります。それは、SNSでは鑑定の告知をしないことです。第2章でもSNSはあなたの価値を知っていただく場であり、販売の場ではないことをお伝えしていたと思います。

ちなみに、SNSで告知をしないメリットは、もう一つあります。それは「この人は売り込みばかりをせずにたくさん与えてくれる人」だという印象を持ってくれることです。つまり「与える人」というイメージになるわけですね。人は与えてくれる人物に引き寄せられますから、そのアカウントのことにより興味を持ってくれるようになります。

このような態度や行動が結果としてＬＩＮＥやメルマガの登録者を増やしてくれます。となれば、先にＳＮＳで鑑定メニューや鑑定方法や金額などを載せることは先ほどの与えることとは逆になりませんか？

目先の売上は立てられるかもしれませんが、長い目で見た際には売上を減少させる要因になります。自分のことをより多くの人に知ってもらいたいという気持ちはとてもよくわかります。ですが、ここでは控えましょう。

では、順調にＬＩＮＥ公式アカウントやメルマガでお客様リストが１００名以上貯まったとします。もしもその状態になったら、どう鑑定メニューについて告知すべきでしょうか？　それは、

「まずはブログを用意すること」

です。鑑定メニュー作成方法については前項目でお伝えしましたので、その順序に従って作成されている前提でお話しますと、そのメニュー内容を準備したブログに詳しく掲載することです。

後は定期的に、

『鑑定募集、開始しました』

という内容の告知をLINE公式アカウントやメルマガの案内の中でブログのリンクを貼って告知していきます。

ところで、LINE公式アカウントではリッチメニューやリッチメッセージ等視覚に訴えた効果的な機能もありますので、それらをうまく活用しながら、鑑定のことを知ってもらい、受けてもらえるように促しましょう。

また、期間限定で50%オフなど割引クーポンを配布するとお客様も意思決定をしやすくなります。他にも、お友達紹介クーポン等も発行し、ご紹介してくださった方にはお礼として鑑定書をプレゼントする等の仕掛けもとても有効です。

そして、告知の回数については何度していただいても構いません。1回の告知で相手に必ずしも知ってもらえたり、理解してもらえるわけではないからです。

そもそも、お客様のことを想像してみてください。相手は日々の仕事や家事で忙しいもの。となれば、告知を見逃していることは容易に想像がつくことでしょう。ましてや、告知を見ないといけないという義務もありません。

もちろん、丁寧に作り込んだ告知内容を見てほしい気持ちはわかります。ですが、それを毎回必ずこと細かくお客さんが見てくれると思うのは淡い幻想です。

加えて、リストの人物との関係値が影響していきます。適宜、価値ある内容を送ってくれる人物であれば、告知であっても見てくれるでしょう。場合によっては、母数も100では足りない場合もあります。

となれば、300から400名を目指して活動することも必要です。少し徒労感を感じるかもしれませんが、それを乗り越えると鑑定を受けてくれ、リピーターへとつながっていき、さらには紹介にも波及していきます。ぜひ、ここは乗り越えましょう。

ですので、告知もコツコツと3カ月に1回ずつでも構いませんので、告知をしていきましょう。ただ、あまりにも頻繁にすると飽きられてしまい、申し込まれない要因にもなります。あくまで3カ月に1回ペースくらいで告知をしていきましょう。

5・鑑定前日の準備

ここまで鑑定の告知方法についてお伝えしてきました。もちろん、いろいろなケースがあると思います。ですが、ここでは告知してお申し込みをいただき、事前にご入金をいただき、鑑定の前日を迎えたとしましょう。

こちらでは、鑑定申込フォームで記載しておいたほうがいい項目をお伝えします。

・お名前
・ご希望日時（3パターン）
・（命術の場合）生年月日、生まれた時間、性別
・お支払い方法（クレジットカードやお振り込みなど）
・ご連絡先（メールアドレス、電話番号）
・鑑定メニューの選択（3パターンくらい用意するといい）
・ご相談内容やご質問

――以上の項目をGoogleフォーム（無料で作れます）などで事前に作成しておくと複製もできるので便利です。

他には、LINEやメールなどで手動で聞くパターンもありますが、やや労力がかかりますので、事前にフォームを準備し、相手に必要な項目をご入力いただくほうが効率的です。

ちなみに、申し込みフォームについてはGoogleフォームでなくてもご自身が使いやす

いツールでもちろん構いません。相手にフォームの必要事項を入力してもらい、ご入金いただければ、予約の確定となります。

ところで、ぜひここで実践していただきたいのが、

『鑑定前日の確認連絡』

です。もちろん、鑑定の予約日が1週間以内であれば、お客様も「この日が鑑定だ」と認識してもらえますが、どうしても1週間以上ぐらい日にちが開いてしまう場合は、失念されているケースもあります。

当日、お客さんが忘れて恥ずかしい思い、しっかり鑑定を受けられないかもという心持ちにしないように配慮として鑑定前日の確認連絡。もしくはそれを忘れてしまった場合は、当日でもいいので確認連絡を取ることをお勧めいたします。

その際、お送りすべき確認事項としては、

○冒頭文に

・お名前

・このたびは鑑定のご予約、誠にありがとうございます。といったお礼文

○鑑定日時（○月○日○時）、鑑定時間（○分）

○対面の場合は、場所（住所まで詳細に）
○オンライン鑑定であれば、オンラインの入室リンク
○最後に「お話しできるのを楽しみにいたしております。」などの締めの文章
――などをお送りすると親切ですし、お客様の印象が上がります。


また、ご存知のように昨今はオンライン鑑定が増えてきております。こうしたオンライン鑑定は対面よりも気軽なこともあって失念されていることが多いものです。

加えて、鑑定のためのｚｏｏｍの入室リンク等は過去のやりとりをさかのぼる必要がありますから、相手にとって手間が生じるものです。

こうした点を踏まえると前日や当日に再度ｚｏｏｍのＵＲＬをお送りすることは日程の確認になりますし、お客様も不便な思いをしなくて済みますから親切かと思います。

事前の確認連絡などはちょっとした配慮ですが、いろんな占い師さんを見ていると、それができない方も少々お見受けされます。とはいえ、一般的なビジネスでは当たり前のことですよね。ですので、改めて前日確認は必ずしておきましょう。

そのうえで、鑑定前の準備にも触れておきましょう。例えば命術でしたら、鑑定のご予約をいただく際に、相手の生年月日を事前に知らせていただくほうが良いでしょう。

特に命術でしたら、こうした情報をもらえると、ある程度は「相手がどんな人物であるか」が掴めるでしょう。また、どのようなコミュニケーションが理解してもらえるかもわかりますから、当日の鑑定の流れもイメージできます。

そうすることで、なんとなくこういうことをお伝えしようという準備ができます。とはいえ、あまり念入りに準備しすぎると、当日のお客様からの質問の回答に偏《かたよ》りが出る場合がありますので、そんなにすごく念入りに準備する必要はないです。ひとまず、いただいた材料に対して出来る限り準備をし当日に備える。この心構えが大切です。

そして、当日はお客様の話に全力で耳を傾け、あまり自分の偏見を持たずに、ありのままを受け入れるというスタンスで、鑑定にのぞみましょう。

そうすれば、きっとお客様も「とても親身になって相談に乗ってくれる」。それに、本音を言いやすいし、とても信頼できる占い師さん」という印象になります。ぜひ実践してみてください。

6・実際の鑑定事例

ところで、占い師を目指すお客様からこんなご質問をよくいただきます。それは「まったく鑑定したことがないので、どのように相手を分析して、実際の鑑定でどのように伝えているかを知りたい」というものです。

過去にアンケートを取ったときにも同様のご要望がありましたので、こちらに実際の鑑定事例の伝え方などを共有させていただきたいと思います。

〈お客様〉

30代女性・井上綾子さま（仮名）

〈相談内容〉

半年前から彼氏と結婚を前提に交際し、同棲していました。ところが、一緒に住むようになってから、彼が働かなくなってしまいました。不満が溜まった私が彼に思ったことをぶつけたところ、喧嘩になり、結果的に別れを告げられてしまいました。これから私はどうすれば良いのでしょう？

〈鑑定分析〉

まず、こちらの井上様の彼と一緒に同棲を始めた時期と方角を鑑定いたしました。

同棲する前はとても良好な関係だったことでしょう。1年以内には結婚という期待を胸に一緒に住み始めたと思います。しかし、一緒に住み始めた方角が井上様にとって「的外れなことが起きる」という凶方位でしたので、まったく違った方向に進んでしまいましたね。

もちろん、井上様の運気もあるのですが、まずその人がとった行動に、そのときの気持ちや行いが現れてくるので、凶方位で引っ越ししたりすると、運勢が悪ければ、すぐに悪い結果が出てしまいます。

さらに、その井上さんと彼の運勢も、その年は10年の間に1位、2位を争う低運気ですので、相手を思いやる気持ちがなくなってしまい、結果的に喧嘩になり、お別れをしてしまう運気でした。

凶とは、「失う」「思い通りに行かない」ことを指します。低運気のときは、とにかくイライラしやすかったり、自分の意に反することが起きやすいので、それを自覚して、相手を責めたりしないよう、気をつけることが大事になります。

《それではこれからどうしたらいいのか？》

まず、その後も「別れたい」という彼の気持ちは、変わらず、固く決意をしていたので、その通り同棲を解消、別れを受け入れるべきでしょうとお伝えをしました。

それから、こういった運気が悪いときに、その人の本性が見えますので、結婚しなくてよかったのではないかということもお伝えいたしました。

その彼自身も以前、元パートナーと一緒に住みだすことで、彼女に甘えてしまい、元彼女が不満を溜めてしまって、お別れをしてしまったという同じ轍《てつ》を踏んでいることが見受けられましたので、結婚しなくて正解ですよとお伝えしました。

しかしながら、井上さんは、まだ彼に未練があるのも見受けられます。なぜなら、人の個性には、目には見えない優劣の関係があり、井上さんは彼に100対0で逆らえない。そして好きになりやすいタイプだというのがわかりますので、きっとこれから先、彼以上の人が現れないと思ってしまうからです。

ですが、鑑定結果では井上さんは、必ず近いうちに新しいパートナーが現れる暗示もありますので、まず吉方位に引っ越しをお勧めし、もともと尽くすタイプの方で、自分にお金をかけたりすることをしなかった方ですので、エステに行ったり、自分をまずは可愛がってあげること、いたわってあげることをお勧めしました。

そして次の恋からは「尽くしすぎないこと」を肝に銘じていただくようにお伝えしました。なぜなら、自分を大切にしないと、人からも大切にされないからです。

こういった形で、まずは結果に対する原因を突き止めること、そしてその方の個性や運気を見て、その結果と原因を結びつけてお伝えすること。

そして、将来の明るい兆しや期待を持っていただけるように勇気づけをすること。

具体的にどうするといいかもお伝えできると、さらにいいです。

＊　＊　＊

こういった形で一部ではありますが、鑑定を進めていっております。

参考になれば倖いです。

7・鑑定後のフォロー

おそらく、鑑定前日と当日はとても緊張し、鑑定後は「終わった〜！」という安堵感と達成感でいっぱいだと思います。ですが、ここで大事なのが、

「鑑定後のフォロー」

です。

私たち占い師は、鑑定前と当日にはとても神経を使いますが、お客様からすれば逆です。

鑑定結果についていろいろと思いを馳せたり、過去と照らし合わせたり、ひいては未来に

ついていろいろ思案したりします。つまり、お客様にとっては鑑定後からスタートなのです。このように私たち占い師とお客様には時間の経過とともに考え方や気持ちには大きな差が生じていることを心に留めておいてください。

私たち占い師は鑑定が終わると、次のことに目が行きがちですが、お客様は鑑定してもらった後に気分が高揚し、占い師のことをしばらく考え、頭がいっぱいになっています。ですから、ここで大事になるのが、

「鉄は熱いうちに打て」

という考え方です。そのため、鑑定後に丁寧なメッセージをもらうと、とてもお客様も喜ばれます。できれば、鑑定当日、直後にお礼のメッセージをお送りすることをおすすめします。もちろん、これは初級の頃に必ず心がけるべきことではありますが、継続できるのであれば、中級以降も続けるとよいでしょう。お客様はそうした真摯さ、丁寧さをしっかり見ていますから、信頼関係が築けます。結果、リピートや紹介の確率も高まります。

さて、ここでは押さえておきたいお礼のメッセージの項目を挙げさせていただきます。

①お礼の一文

「本日は鑑定をさせていただき、ありがとうございました。」

など挨拶から始めます。

②鑑定の感想を促す文

「本日の鑑定は、いかがだったでしょうか？」

といったお伺いを立てます。もし可能であればお客様の声をここでいただき、SNS（匿名にて）などに乗せてもいいかなどの確認までできれば、上級者です。

③鑑定内容によるアドバイスのまとめ

「○カ月後には、運気が高まっていきますので、これから楽しみですね！」

ここでは運気や相性について鑑定した内容。あるいは相手の今後に役立つ内容がいいですね。

④励ましの言葉

「○○さんは、本当に相手の気持ちに寄り添える、本当に優しく、貴重なお方です。必ず、お倖せになれますので、今は少しだけ辛抱されれば、○カ月後から自分らしさを取り戻されますよ」

こちらでは鑑定されたご本人の個性・素晴らしさなどを伝えると、よりいいでしょう。

⑤質問等を受け付けるかどうか。もし質問を受け付ける場合は、

・何日以内
・何個まで

等を明確に明記すると良いでしょう。

⑥紹介特典などあればご案内

鑑定を受けられ、満足された方は、他の方をご紹介いただくケースが多いです。ここで、紹介特典を作っておくとさらに紹介率が上がります。ここでは、具体的な特典についてご紹介しましょう。

【紹介特典例】
・次回鑑定30分延長
・鑑定書1000円分プレゼント
・次回鑑定料20％OFFクーポン

など、いろいろアイデアを練って紹介特典をご案内しましょう。

⑦締めの文

「このたびは○○様とご縁いただき、本当に嬉しかったです。またご縁がありますことを願っております。どうぞお倖せに」

など今回のご縁がいかに貴重であったか。そして、あなたは素晴らしい人物ですといった相手のことを尊重、尊敬する内容を書くといいですね。余談ですが、ご縁は「一期一会」です。改めて、このことに感謝することは大事なんですよね。

といった項目を入れるとより満足度が高まるでしょう。

ところで、鑑定後に鑑定に対する質問を受け付けるか、受け付けないかについてはあなた次第です。とはいえ、最初のほうは勉強のためにも質問を受け付けたほうがご自身の今後のためにもとても役立ちます。

たしかに、鑑定後に質問を受けるのは少し大変なこともあることでしょう。ですが、最初の頃は質問に対して丁寧に対応していると、相手に満足してもらいやすいですから、リピーターにもなってもらえるでしょう。

このように鑑定後のフォローはとても大事であることをぜひ心に留めておいてください。

8・鑑定料値上げのタイミング〈中級〉

初級の段階では「とにかく数をこなし経験を積むこと」を目的にお客様がお求めやすい価格設定をしてくださいとお伝えさせていただきました。しかし、この後、中級くらいに行くとほとんどの方が思うのが、

「この金額では精神的・体力的にきつく、経済的にも続けていけない」

ということです。きっとこの段階に達すると、おそらくリピーターさんやご紹介をいただき多くの方々を鑑定していることでしょう。事前の準備、事後のフォロー。そして、目の前の相手に全力を注いでいると精神的にも体力的にも疲弊してきます。

他にも、対面の場合、交通費やカフェですするとお茶代等もかさみます。多くの人に喜んでもらいたい。経験値や占いのスキルを磨きたい。実績を作りたい。そんな思いでここまで頑張ってこられたことでしょう。

しかし、こう考えてみて欲しいのです。それは、そんな疲弊した自分で目の前の相手に

喜んでもらえるような鑑定ができるでしょうか？　あるいは、そのような状態で相手に継続して満足してもらえるでしょうか？　おそらく、違うはずです。

もちろん、値上げはあなた自身のためでもありますが、このようにお客様のためでもあるのです。このことを理解してください。ですから、一生懸命に頑張っている方こそ、勇気を出して値上げするタイミングに来ているのです。

とはいえ、そのときに離れていく人も必ずいらっしゃることは覚えておいてください。それでも大丈夫です。あなたが信念を持ち、日々勉強を怠らず、一生懸命活動していれば、その姿を見ている方はいます。

さらには、応援してくれたり、協力してくれて、変わらないお付き合いをしてもらったり、新しいお客さんを連れてきてくれます。そう、去る人もいればまた新しい出会いもあるのです。

そういったことを繰り返し、どんどんレベルアップしていきますので、安心して値上げをしてください。

とはいえ、こんな疑問が浮かんでくるかもしれません。それは、

・値上げする頻度は？

・どのくらい値上げをしたらいいの？
・告知のタイミングは？
といった疑問。

まず、値上げの頻度についてですが、あまりに頻繁に値上げをすると信用を落とす可能性もありますので、できれば2〜3年に1回くらいのペースで値上げされることをお勧めします。

もちろん、人それぞれ状況は違います。例えば、SNSでバズったり、本の出版をしたり、メディアに取り上げられたりして、急激に鑑定依頼が増え、鑑定をセーブする必要が生じ、適宜値上げしなくてはならない場面が出てくるかと思います。そのような場合は、ご自身の感覚で判断してください。とはいえ、頻繁に数カ月以内に値上げをすることはお勧めいたしません。

次に、値上げする金額ですが、おおよそ20％〜50％くらい値上げすると良いでしょう。急に2倍などの価格になると、それまでのお客様が急激に離れていく確率がぐんと上がります。少しずつ値上げをされる方が良いでしょう。ですので、そもそもの最初の金額設定も大事になってきます。以降も、順次値上げをしていくことを想定した価格設定が求められます。

最後に、大事な告知方法ですが、値上げをすると決めてから、まずご自身のＬＩＮＥ公式アカウントやメルマガなどで値上げをする1ヵ月前ぐらいにお知らせをされると良いでしょう。

というのも、急に「値上げしました！」よりも、事前にお知らせをしたほうが、お客様も心構えができるからです。その際、できればブログなどで値上げをする理由を丁寧に説明した告知記事などを作成してから、配信すると信用度も上がります。もちろん、ＬＩＮＥ公式アカウントの投稿やメルマガでのメールで書いてもいいのですが、このように丁寧に伝えると、

「この占い師さんはとてもちゃんとしているな。一人一人に対して、誠実な対応するために値上げをされるんだな」

と納得していただけるからです。そのときに使うブログもできれば、無料ブログではなく、有料ブログや公式サイトといった他の占い師さんがやってない、きちんと体裁が整ったツールを使うのもコツです。

以前もお伝えしましたが、中級くらいになると、無料のブログツールではなく、有料ブログツールに移行するタイミングといっても良いでしょう。

また、この時期には駆け込み需要が発生する可能性があります。もしそうしたことをあまり意識せず、忙しい時期に値上げの告知をしてしまうと、自分の首をしめてしまいかねません。

お勧めの時期としては11月くらいから繁忙期に入るので、11月から値上げにし、その前の9月か10月に駆け込み需要の鑑定をさばいていく形にするとスムーズでしょう。もちろん、SNSなどで「値上げをします」という告知をしても良いのですが、あまり濃いファンじゃない人に告知をしても、先ほどの駆け込み需要なども発生しません。

繰り返しになりますが、LINE公式アカウントやメルマガに登録してもらっている関係性の濃いお客様候補にいかに告知していくかが鍵になります。

9・お客様が離れたときは?

前回の項目で、最初の価格設定のまま続けていくと、将来的に行き詰まってしまい、値上げの必要性が生じることについてお伝えしました。しかし、この値上げで少なからずとも体験することが、

「今までのお客様とのご縁がなくなること」

です。みんながみんな離れていくわけではありませんが、少なからずともごく一部のお客様は、値上げをすることによって、鑑定をされなくなるケースがあります。これはどうしても避けられないことです。

ですので、このことを念頭において、値上げを発表しましょう。

しかし、このお客様が離れていくことは自分のコンフォートゾーンを変えることでもあります。ですから、悪いことでは無いんですよ。確かに、これまでのお客様が離れることは、とても寂しい気持ちになります。

一生懸命頑張っている占い師さんならきっと共感してもらえると思うのですが、苦楽を共にしてきたお客様はまるで「家族」みたいな存在に思えてくるでしょう。

お客様が辛く大変なときはなんとか楽に良いほうに変わって欲しいと思いますし、楽しく、嬉しそうにしているときは、自分も一緒に楽しく、嬉しい気分になる。そんな特別な感情をお客様に抱くことは少なくないと思います。

このようにご縁がなくなるお客様が出てくることは、見方を変えれば、自分がレベルアップしていく段階での「成長痛」と考えていただいたほうが前向きにステップアップできると思います。

そして、値上げをした後に離れていくお客様と同じくらい、いやそれ以上に素晴らしいお客様との出会いが必ずあります。ですので、どんな新しいお客様と出会えるかを楽しみにしていただいてもいいと思います。

そもそも、この時点で占い師として活動を始めた頃のペルソナと変わっていることは十分にあります。

例えば、私の例でご紹介すると、占い師を始めて1年から3年ほどは30代前後の婚活女子がメインの顧客層でした。それが次第に2020年に出版した処女作『毎月7万円！普通の人が副業で「占い師」になる法』の出版を機に、お客様の層がゴロっと変わりました。

「30代独身女性」から「占い師の卵もしくは占い師さん」あるいは「40代から60代」と年齢層が変化しました。それに伴い、今までお付き合いしていた30代前後のお客様は2〜3年の間にほとんどいらっしゃらなくなりました。

しかし、その反面「趣味ではなく占い師を目指す」あるいは「プロとして占いを勉強したい」といった方とのお付き合いがほとんどになりました。もちろん、占い師を始めてから今でもお付き合いがあるお客様もいらっしゃいます。

これはとても光栄なことです。「一期一会」という言葉のとおり、目の前のご縁を一生懸命に大切にすることだと思います。そして、これは占い師として活動するだけでなく、人生を生きていくうえでも、とても大事なことではないでしょうか？

人生には出会いがある中でずっと続くご縁もあれば、途切れてしまうご縁もあります。その中で、新しいお客様との出会いもあれば別れもあることを実感いただけると思います。

さて、離れていくお客様がいらっしゃる一方で、新しく出会ったお客様にまた全力を注いでいく。そうやっていつも一生懸命に真摯な対応をしていけば、おのずと少しずつレベルアップしていき、収入も上がっていきます。

あまりお客様それぞれに優劣をつける気は無いのですが、もちろん、いろんな方がいらっしゃいますが、私自身実感していることとしては、価格が上がるとお客様の質も上がるということです。

1年から3年目くらいは地元の福岡のお客様しかいらっしゃいませんでしたが、コロナ禍、出版以降は全国にお客様ができましたし、今ではさまざまな年齢層、独身、既婚、男女問わず、いろんな職種のお客様とも出会い、いろんなお話が聞けて、本当に毎日が楽しく、倖せな占い師として活動をさせていただいております。

ですので、もし離れていくお客様がいらっしゃっても全然怖がらないでください。新しい出会いを楽しみにして、今後も一生懸命活動を続けていっていただければと思います。

10・鑑定を応用して商品を作る〈上級〉

これまで占い師になって一番大事なことは鑑定の実績を作ること、経験を積むこととお伝えしてきました。

ある程度、鑑定の実績づくりが終わり、経験値も貯まったら、それを今度は応用し商品化することをお勧めします。というのも、複数の商品を持つことにより、売上も上がり安定してきます。私も占いという材料でいろいろなものを作ってきました。

占いをベースにいろいろな人々の生活に彩りを与えられるような商品を作ることで、たくさんの方に喜んでいただけたり楽しんでいただけます。

もちろん、占い師として人の悩みを聞いて、心を楽にしてあげることも重要です。一方で、占いが持つエンターテイメント性を活用して商品を作っていくことも自分も楽しめますし、お客様にも楽しんでもらえます。

ここからは私がこれまで作ってきた占い商品を解説していきたいと思います。その中でも売れ行きが良かった順にピックアップしてお伝えしていきます。

①占い合コン

これは私の占術の命術を使って、男女の相性を見ながらミニ講座付きの婚活パーティーのイベントです。参加者さまには、鑑定書もお渡しし、相性がいい男女を隣にセッティングしたりして、占い付きの合コンということで、とても満足度が高く、2年間ほど毎月、もしくは2カ月に1回開催しており、いつも満席になっておりました。

②宝くじ鑑定

こちらは宝くじを買うときに当たりやすい

・日にち
・時間
・方角

を鑑定し、文書でお渡しする鑑定方式です。たくさんの方より「当選しました」というお言葉をもらうなど、顧客満足度の高い商品でした。現在は多忙になり一般的な募集はしていませんが、毎年リピーターさんが個別でご連絡くださり、鑑定したうえで提供しています。

ちなみに、こちらは期間限定のＬＩＮＥクーポンという形で販売しておりました。

③吉方位カレンダー

私自身、九星気学風水の講座で吉方位を取る方法をお伝えをしているのですが、そうした内容をカレンダー方式にすることで簡単にその日の吉方位がわかる商品を作りました。するど「自分で鑑定するのは大変だから、カレンダー方式にして吉方位が知れるのはありがたい」とのお言葉をもらうなどとても好評です。

ちなみに、こちらでは毎日の吉方位だけでなく、毎日のラッキーカラーやラッキーフードも記載しております。作り方としては、エクセルでカレンダーをお作りして、PDFもしくは、印刷して郵送（追加料金）する形で提供しております。

一時期は申し込みが殺到し、私一人ではとても追いつかなかったので、お弟子さんに手伝ってもらった時期もあったほどでした。

④年末スペシャルセット

こちらは来年の運勢が気になる年末に二つの占術を混ぜ、一年の運勢グラフと月の運勢グラフ、13枚と1年の運勢動画（全体運・恋愛運・健康運・仕事運・金運）を期間限定（年末から年始にかけて）で販売しておりました。

セット価格で安価に買えるうえ、オプションで格安価格（通常の半額程度）で60分鑑定も受けられるようにしていました。

⑤新春ラッキーカラーピアスorイヤリング

九星気学風水には「初買い物」という考え方があります。これは、その年のラッキーカラーを立春以降に身に着けるとその1年安泰というものです。その考え方を活かして、手づくりアクセサリー作家さんとコラボをし、お客様のラッキーカラーに合った開運アクセサリーを制作し、販売していました。

流れとしては、こちらでお客様の生年月日をもとにラッキーカラーを鑑定します。その後、そのカラーのアクセサリーを立春以降にお渡しし、身に着けていただくという商品です。

ちなみに、今でも個人的に作家さんに毎年お願いをし作ってもらってます。

いかがだったでしょうか？

これらのほとんどは、今は販売していないものもありますが、当時はとても売れ行きが良く、大変喜ばれました。あなたが持っている占いはアイディア次第でいろんな商品が生まれると思います。ぜひ、たくさんの人を倖せにしてくださいね。

また、異業種の方とコラボするのも良いでしょう。私自身も『ラッキーカラーピアスorイヤリング』は、作家さんとコラボして作っているものです。これからは、他の業種のアーティストさんとコラボしていろいろな商品も作っていきたいと思っております。

ぜひ、占いを鑑定だけで終わらせるのではなく、アイディア次第でいろんなワクワクする商品・サービスを作っていってください。

11・占い講座を開催する

先ほどはご自身の占いを活用し、アイディアやコラボによって商品化して販売することについてお話しました。これに関連してお伝えしたいのが、占い師であるあなたが安定して収入を得るためにも、有効なのが占い講座です。

そもそも、鑑定だけだと何かしらの悩みを持ったお客様とばかり向き合うわけです。おそらく、自分もメンタルが落ち込んだり、疲れがなかなか取れないといった経験があるのではないでしょうか？

近年、占い講座はとても人気がありますから、作らない手はないと思います。それでいて講座はとても素晴らしいサービスだと私は思っております。お客様層も、「学ぶ」というモチベーションで来られますので、こちらもメンタルの消費が少ないのも特徴です。

また、あなたがこれまでたくさんの人を鑑定してきたのであれば、ぜひその経験やノウハウをいろんな方にお伝えしていくべきです。そう、あなたが「先生」になり、たくさんのお弟子さんを育成していきましょう。

ただ、中には、占い師として活動が乏しいにも関わらず、どこかで受けた占い講座を内容をそのまま教える人もいらっしゃいます。

ですが、私はきちんと鑑定をして実績を積んだ人が占い講座をするほうが、お客様満足度も高いですし、良い講座が出来上がると思っております。

ですので、占いを習い、鑑定をして1年から2年ほど経って、ある程度教えられるようになったら、占い講座を開催すると良いでしょう。

ここで占い講座を作るにあたってのコツをお伝えしていきたいと思います。

①何の占術にするか、価格はいくらでするか?

まずは、あなたが持っている占術で一番得意なもの。もしくは得意ではないものの苦労して習得した占術など人それぞれです。

例えば、手相であれば、

「手相基礎講座」

などはじめのうちは初心者でもわかるタイトルにしていきましょう。

また、価格帯についてもはじめのうちは受けやすい価格でスタートしましょう。具体的には1講座、数千円から始めていき、徐々に値上げしていくと良いでしょう。

②どのくらいの頻度で開催するか、オンラインか対面か？

例えば、月に1回や週に1回など講座の開催頻度を設定しましょう。

また、オンラインで開催するか、対面で開催するかなども決めておくとよいでしょう。

近年、コロナ禍の影響で、オンラインで受講する壁がとても低くなりました。

これは主催する側、受講する側の双方にとってもとても効率的でよくなったと私は思います。ｚｏｏｍですと、交通費もかかりませんし、外出の支度などをする労力がかかりません。

一方、対面形式ですと、セミナー会場の確保も必要になりますし、予約作業の手間、会場の費用もかかります。もちろん、対面講座は臨場感があります。ですから、お客様からは満足度が高いといった考え方もありますので、あなたの好きなように設定してください。

③個別講座かグループ講座か

まだ人に教えることに慣れていない方が最初に開催するのにおすすめなのは個別講座です。個別講座の良さは、その人の悩みなどに寄り添いながら、鑑定しながら講座を進められることです。そのため、非常に満足度が高く、親密度も上がります。結果として、途中離脱する確率が下がります。

一方、人に教えることに慣れてきたら、数人に教えるグループ講座に移行していくのも良いでしょう。このときにグループ講座ですと、日程が合わなかったりとか、そういったものもありますので、あらかじめ開催日を決めておくとスムーズかと思います。

④講座後の質問を受け付けるかどうか

講座の終了後、質問を受け付けるかどうかは、あらかじめルールを設けておくと良いでしょう。

例えば、講座が終了後でも随時質問を受け付けるとします。ただ、質問についてはその講座でお伝えした内容に限り回答をするなど、ある程度ガイドラインを決めておく必要があります。というのも、講座の内容と関係ないものや夜分にメッセージがたくさん来たりすると大変だからです。こうした質問対応は会社員で言えば、サービス残業のような労力になります。

ですので、この対応だけでかなり労力を要します。もちろん、質問対応それ自体が悪いという話ではありません。お互いのためにも、質問を受け付けるときのガイドラインをしっかりと作っておきましょう。


おすすめなのは、質問については随時受け付けるけれども、次の講座のときにまとめて回答するなども良いかと思います。もしくは、一人につき月1回までなどの回数制限をするのも良いでしょう。すると、しっかりと質問を考えてもらえます。

講座を始めたてのときは、質問をたくさん受け付けたほうが、あなたの勉強にもなりますし、講座内容をどんどん良くしていくきっかけにもなります。

ですので、最初のほうは間口を広げつつ、ある程度、実績を積んできたら過去に質問された内容や聞かれそうなことをあらかじめ講座の内容に盛り込むこと。そうすることで、自然と質問は減っていきます。

第４章

お金のやりとりは、どうしたらいいか〈金銭管理について〉

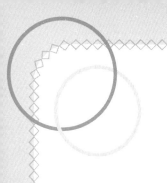

1. お金をいただくことに対するメンタルブロック〈初級〉

私が占い師の方をコンサルさせていただくときに、特に初期の段階にいる方は次のようなご質問をされる方が多いことに気づきました。それは……

「占いを人に無料で提供するのは抵抗ないけど、いざお金をもらうとなると……」

「自分の占いがちゃんと当たるかどうかが心配で、お金をいただくことができません……」

といったものです。見方によっては、謙虚で素晴らしい心持ちだと思えることでしょう。しかし、こうした考え方は占い師はもちろんのこと、お客様にとってもいい関係とは言えないのです。

突然ですが、私たちは呼吸をするときは息を吸って吐きますよね。実はお金のやり取りは同じようなものなのです。

あなたが占いという価値を与えることは呼吸だと息を吐く行為になります。当たり前ですが、吐いた後は、息を吸わないと呼吸困難になってしまいますよね。まさに、息を吸うとはお金を受け取ることなんです。

このようにお互いにとって価値があるものを交換することは、互いのエネルギー交換をしていることでもあります。そう、お金もまたエネルギーの一つなのです。

ところで、適切な形でエネルギーが交換されると、どうなるでしょうか？　察しのいいあなたはお分かりかもしれませんが、交換前よりも交換後のほうが（お客様は占いの価値を得て、あなたはお金を得るといった）お互いにとってより良い状態になりますよね。

もちろん、あなたが勉強中の場合は（相手から時間やフィードバックを与えてもらっているため）エネルギー交換ができているため無料でもいいでしょう。

しかしながら、占いの勉強をたくさんし、十分な人数を経験しているにも関わらず、ずっと無料で鑑定をしていると、まるで体の血管にいろんなものが詰まるようにさまざまな弊害が起こります。

少し例を変えましょう。例えば、パイプに汚れが溜まるとどうなるでしょう？　おそらく、何かを届けようとしても、届けられる数が限られたり、途中で汚れがついてしまうこともあるでしょう。

さて、そんなパイプを通って届いたものに対し人は喜んでくれるでしょうか？　そして、まさに先のパイプは占い師であり、届ける先はお客様の関係だと思ってください。

当たり前ですが、適切な価値と対価の交換がうまくいっていない占い師は疲弊します。

ひいては、自分の提供する価値を下げてしまったり、傷つけているんです。

そうした価値をお客様は喜んでくださるでしょうか？　あるいはこの先、あなたの占いを必要としているお客様に素晴らしいものを届けられるでしょうか？

このようにずっと無料で鑑定をしていると、長期的にも（後述しますが短期的にも）双方にとってプラスにはなりません。繰り返しになりますが、これは価値を提供し、対価をもらう……すなわちエネルギー交換がされていないためです。

ぜひ、お互いがより良い方向に循環していくためにも意識しましょう。

また、目に見えるものにお金を支払うのは納得できるけど、目に見えないものにお金を支払うのはなんだか気が引けるという方もいます。実際、私の知り合いで居酒屋を経営している方で占い師として副業したいという方がいらっしゃいました。

その方は、料理を提供する際、材料代や仕入れのコストがあるため、お金をいただくのは納得できるけれど、占いは目に見えないものだから、これでお金をいただくとなると詐欺のように思われるんじゃないか？　と思い悩まれていました。

当然ですが、占いもまたお客様に提供するまでに、いろいろな時間・労力・お金を費やしているでしょう。となれば、形がある商品・サービスだけにコストがかかっているのはおかしい話だと気づくでしょう。

加えて、少しスピリチュアルな話になりますが、ちょっと前の考え方では物質重視の時代（土の時代）でした。前にもお伝えしたように今は時代も変わり「モノ」だけはなく「コト」が重要になっています。

それを踏まえると、物質でないとお金のやりとりに違和感があるというのは時代に逆行していると言えるでしょう。繰り返しますが、これからはモノよりもコトにお金をかけていく流れの時代です。

ぜひ、少しずつでもいいので、時代の流れに乗っていきましょう。

先ほどお金の交換をすることとは占い師の提供する価値を維持・向上させるうえで大切な話をしました。さらに、ここからお伝えしたいのは、お金をいただくことは占ってもらう側……つまりお客様のためでもあるということです。

ちょっと想像してみてください。例えば、無料で提供されるものと有料で提供されたもの。そのどちらをあなたは大事にすると思いますか？

もちろん、無料でもらったものでも大事にする方もいます。ですが、大半の方は、有料のものを大事にするでしょう。これは、自分が支払ったものを取り戻したいという人間の心理が働くからです。よく起きてしまうのは、せっかくこちらが真摯にアドバイスをしたとしても「無料だからいっか」と軽く受け止め、その内容を活かせなくなることです。だとすれば、これってお互いにとって損なことだと思いませんか？

しっかりとお支払いされれば、あなたもお金を受け取れますし、相手も鑑定の恩恵をより良く受け取ることができるのです。ですので、きちんとお金をもらって鑑定をするほうがお互いのためになるのです。

繰り返しになりますが、こうしたお金に関するメンタルブロックがある方は、とっても謙虚で心優しい人でもあったりします。自分よりも相手のことを優先したいといった慈悲の心が強い方だとお見受けします。

でも、ここまでのお話を聞けばどうでしょうか？　本当に相手のことを思うのであれば、しっかりと対価をいただくことだとお分かりになったはずです。

私なりに思うのは本当に心の優しい方こそ、目の前のお客様、将来のお客様に真摯に価値提供できる人だと思います。ぜひ、正当な対価を得ることで、現在、未来のお客様の人生をより良くする責任を果たしてください。

ただ、ここまでお伝えしたことと別の理由で、お金を受け取ることができない方もいらっしゃいます。それは「自分自身がお金をもらうに値しない」と思っているようなご自身の自己肯定感の問題です。

なので、どうしてもお金を受け取れないと思っているのであれば、毎日朝、鏡を見て、

「私は人気占い師」

と10回唱えてみてください。

最初は恥ずかしかったり、「自分は何してるんだろう?」と思ったりするかもしれません。ですが、こうやって意図的にアクションを起こすことで、潜在意識に植えつけられ、「自分は人気占い師である!」という土台が作れます。

実はこれは、とっても大事なことです。自己肯定感の低い人は、潜在意識に「自分は多くの人の役に立っていない占い師（それと同時にお金もいただけない占い師）」という思いが根づいています。ですから、それを人気占い師のイメージに書き換えましょう。

そうすることで少しだけでも、「私は多くの方の役に立っている占い師だから、それに対する正当な対価を得ている」というマインドになってきます。

ぜひ、よかったら試してみてください。

2・振込口座を用意する

さて、占いを勉強し、占い師として仕事をする決心をした後、鑑定メニューの作り方などいろいろお伝えをしてきました。

ここからは肝心なお金の受け取り方法についてご説明していきたいと思います。

まずは、お客様からお支払いを受けるための銀行口座を準備しなければなりません。

ここでポイントなのが、占い師名を本名と別のお名前で設定されている方は、こちらの支払い口座はどうしようと悩むかもしれません。結論から言いますと、別のお名前で活動されている方は、クレジットカードで支払いを受け付けるのが最もいいでしょう。もちろん、別の名前で活動し、お振り込みの際には本名をお伝えするという方法もあります。

場合によってはそのような形でも良いかもしれませんが、初めてお付き合いされるお客様であれば、名前が違うことに不安を感じることでしょう。なるべく、お客様の不安を取り除いてあげるのが私たちの気遣いではないかと思います。

もしくは、法人登録し、登記簿謄本等を取れるようになれば、占い師名での口座が作れるようになります。別のお名前で銀行口座を作りたい方は、そのような形でお手続きをされると良いかと思います。

昨今は、金融機関もマネーロンダリング（犯罪など得られた資金を、出所をわからなくするために、架空または他人名義の金融機関口座などを利用して、転々と送金を繰り返す行為）の防止の観点から、本人確認ができない場合は、口座を作れなくなっています。昔はいろいろ団体やサークル名などで今よりは簡単に作れていたみたいなのですが、今は、本人を確認できるような必要書類を提出したうえで作れるようになっております。

当然ですが、お客様からお振込の際、振り込み手数料がかかります。（とはいえ、昨今は銀行によっては少額であれば手数料を無料とする仕組みを取り入れてる場合もあります）ほとんどの占い師さんは「振り込み手数料はお客様負担」にしているケースが多いです。

しかし、最近はキャッシュレス化が進んでおり、クレジットカード、もしくはデビットカード、PayPayをはじめとしたQR決済など電子決済で支払いすることも珍しくなくなってきました。使い方に慣れていない高齢のお客様だと少しだけ間口は狭まりますが、そのような電子決済で受け付けることも選択肢として良いでしょう。

ここまでまとめると、本名をそのまま占い師名で活動される方は、そのままご自身の銀行口座を振込先口座にご案内すると良いでしょう。そのときにお勧めの銀行口座は、振り込みされたことがメールでわかるように設定をしておくことです。ご存知のように最近はインターネット銀行も増えています。住信SBIネット銀行を始め、楽天銀行などのネット上の金融機関は、振り込みがあるとすぐにメールでお知らせしてくれますし、スマホ、アプリ上で振り込みや残高を確認することもできます。また、さまざまな銀行口座にてオンライン登録を行うとメールで通知が来ます。

また、貯金額によってはATMでの出金、他銀行への振り込みも手数料無料になったりとさまざまな特典があります。ぜひ、いろいろお調べになってご自身の状況にあった銀行にお手続きされてください。

ちなみに、私のおすすめは、

1位　住信SBIネット銀行

2位　楽天銀行

です。加えて、本名で活動しているならネットバンキングを使用するとよりお振り込みの受付や確認も効率的になります。

こうしたことを踏まえると、占い師名を決めるのも、慎重に決めていく必要があることをお分かりいただけると思います。別の名前だと、身元がわからなくていいというメリットもありますが、支払いの間口が狭くなったり、いろいろな手続きをする手間が発生することもあります。あらかじめ、このようなデメリットについても考慮すると良いでしょう。

次の項目では、お客様がクレジットカードで支払う場合での手続きについて解説していきますので、ぜひそのまま読み進めていただければ倖いです。

3・クレジットカードで支払ってもらうには？

先ほどの項目では、お振込口座についてお伝えしてきました。

ご存知のように昨今はキャッシュレス決済がどんどん広がっています。お客様からクレジットカードでお支払いただき、ご自身の銀行口座に振り込まれる流れにすることもできます。そもそも、振り込みでのやりとりでは、お客様がＡＴＭ等に足を運び、手続きをするといった時間や手間が必要です。さらには、先ほど触れたように振り込み手数料といった金銭的な負担もかかります。

ですが、クレジットカード決済ですと、お客様には負担がほとんど少なく、手軽にお金のやりとりができます。こうしたことはお客様にとってはメリットでしょう。

ただ、インターネット上で決済をするには必要事項を入力する必要があるので、少々手間になる部分もあります。とはいえ、コロナ以降、多くの人がオンライン上で買い物することにも慣れてきている現状があることも踏まえておきたい点です。

しかも、前項目でお伝えしたように、別のお名前で占い師として活動される方にとっては、このシステムはとてもありがたい仕組みです。というのも、ご自身にとって都合がいいお名前でクレジットカード決済を受け付けられるからです。

また、クレジットカード以外にも、PayPayをはじめとしたQRコード決済も簡単にお金のやりとりができます。もしもお客様がPayPayをよく使われる方でしたら、その残高でお支払いできるのでご都合がいいでしょう。

加えて、クレジットカード、QRコード決済にはポイントが付きますから、そうしたことを意識されるお客様には相性がいいかもしれません。

さて、こちらではクレジットカード決済を受け付けるためにおすすめの二つの企業がありますので、そちらを紹介したいと思います。

① PayPal［ペイパル］（初心者向け）

こちらは、電子メールアカウントとインターネットを利用した決済サービスを提供するアメリカの企業です。こちらは決済にかかる手数料は、１件あたり２・９％＋JPY 40円

～（今後、変わることもあります）です。

アカウント開設費・初期費用・月額手数料は「無料」（一部対象外）です。

支払い専用とビジネスアカウントの二つがあり、PayPalアカウント間やクレジットカードでの支払い、口座振替による送金を行うことができます。

PayPalの良さは、気軽に決済のやりとりができることです。例えば、相手からメールアドレスを教えていただければ、そちらにスマートフォンアプリから簡単に請求内容を送ることができます。

また、ビジネスアカウントを作ると支払い用のURLを発行できます。さらに、1回払いだけではなく、定期支払いの設定もできます。定期支払いは、オンラインサロンなどのサブスクリプション等の継続課金などには使いやすいでしょう。

やり取りとしては、LINEやメールでお客様にURLをお送りし、相手が必要事項を入力し、決済すれば手続きは完了となります。

もし相手のお客様がPayPalアカウントを持っていれば、クレジットカードなどの必要事項を入力しなくても、すぐに決済が完了することができ、とても便利です。

加えて、相手のクレジットカード情報はこちらに知られることもありませんから、お客様としてもご安心いただけるでしょう。

なお、近年はクレジットカードが作れない方でも、PayPalであれば、デビットカードでの引き落としも可能です。ただ、こちらも決済したときにかかる手数料は、1件あたり2・9%＋JPY 40円です。

相手からお支払いしてもらったお金はPayPal上で自分の銀行口座を登録しておけば、ご自身の口座に1週間以内に振り込まれるよう、設定することもできます。ただ、引き出し作業を行うときは、手数料が生じます。ですが、5万円以上貯まってから引き出すと手数料はかかりません。

② Stripe【ストライプ】（上級者向け）

こちらの決済システムは、大手企業なども参入している上級者向きの決済システムと言っていいでしょう。決済手数料は、3・6%です。PayPalと同じで、初期費用が無料、月額利用料金などもかかりません（今後変わることもあります）。

Stripeの優れている点は、毎週登録した口座に金額関係なく、手数料無料で自動振り込みをしてくれるところです。加えて、PayPalだと継続課金をしているお客様がカードの有効期限が切れた際に、決済されないだけですが、Stripeは設定をしておくと、有効期限が切れたお客様に事前にカードの登録をし直すよう促したりするサービスもあります。

以前、Stripeは手続き等が不便でしたが、今はかなり簡素化されているので、利便性が高い決済手段になっています。もしもPayPalが使えなくなった際のリスクヘッジとして少し余裕ができたら登録しておくといいかもしれません。

なぜなら、何かしらの問題が起こり、急にPayPalが利用できなくなると、困りますよね。なので、StripeとPayPalの二つ作っておくと安心でしょう。

4・売上管理を毎月記録する〈中級〉

占い師になって、はじめのほうは、それほどお客様の数が多くないため、誰をどう占ったか、いくらの売上があったのかを簡単に計算することができるかもしれません。

ところが、この中級クラスになると月に占う人の数が十数名、数十名と人数が増えてくるため、記録を取っておくことが重要になります。現在の状況の確認にもなりますし、今後の活動に役立てることができるでしょう。

例えば……

・この時期はこの星が多かった
・この運気は、売り上げが上がった、もしくは下がったなども明らかになります。単に売上ではなく、占いをビジネスに活用している方であれば、自身の占いの検証になるでしょう。

もちろん、こうした売上管理は初級の頃からしておくことに越したことはありません。具体的には、毎月いつ誰が何の鑑定を受け、いくら売り上げが上がったかというのをExcelなどにまとめておくと良いでしょう。

こうした情報をまとめておくことで「去年と同じ月はこのぐらいの売上があったけど、今年のこの月はこれくらいの売上になった」と過去と現在の状況を比較することができます。加えて、今後の販売プランを考える際にも役立ちます。

実際、Excelで記載するといい項目は以下になります。

①日付
②お客様名
③お客様の星
ご自身が使っている命術（生年月日で占う占術）の名称を書くとわかりやすいでしょう。
④鑑定メニュー
例えば、

「ｚｏｏｍ鑑定60分」「対面鑑定１２０分@〇〇↑場所』

など、鑑定時間によって金額も変わると思うので、詳しく記載すると良いでしょう。

⑤売り上げ金額

⑥経費

クレジットカードの手数料や物販（開運手帳やパワーストーンなど）であれば、送料、対面であれば、お茶代や交通費等。

⑦何回目か

何回この方が、自分のサービスを利用してきたかもわかれば、リピーター率を図ることができます。

――以上の７点を記載し、オートサムなどで合計を出すようにしておくと、毎月の売り上げや経費等が一目瞭然です。

さらに、売上だけではなく毎月業務に関わる経費等も記載しておくと良いでしょう。これらを計算することでいくら利益が上がったかなどもわかります。

このような売上管理をしておくと、毎年少しずつお客様が増えてきたり、売り上げが増えてきたり、経費が増えてきたりといったものが見えたりします。まさに、自分の成長を知ることができるわけですね。

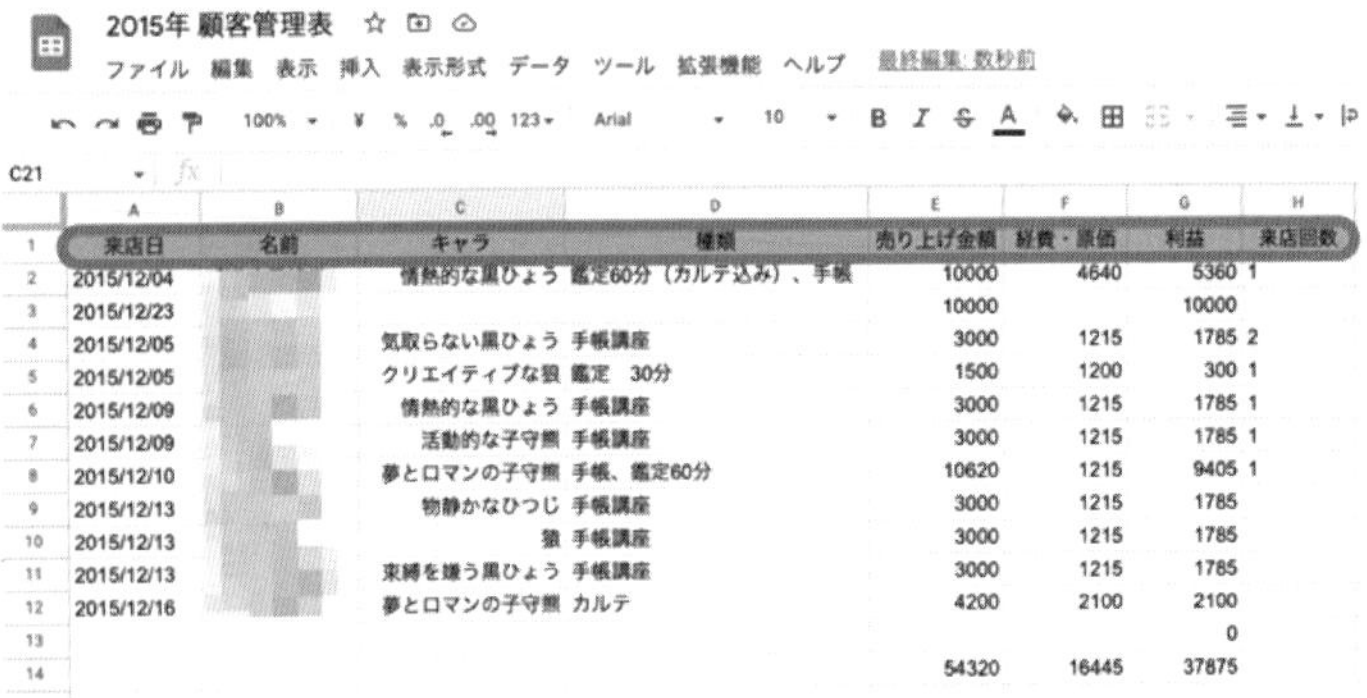

	A	B	C	D	E	F	G	H
1	来店日	名前	キャラ	種類	売り上げ金額	経費・原価	利益	来店回数
2	2015/12/04		情熱的な黒ひょう	鑑定60分（カルテ込み）、手帳	10000	4640	5360	1
3	2015/12/23				10000		10000	
4	2015/12/05		気取らない黒ひょう	手帳講座	3000	1215	1785	2
5	2015/12/05		クリエイティブな狼	鑑定　30分	1500	1200	300	1
6	2015/12/09		情熱的な黒ひょう	手帳講座	3000	1215	1785	1
7	2015/12/09		活動的な子守熊	手帳講座	3000	1215	1785	1
8	2015/12/10		夢とロマンの子守熊	手帳、鑑定60分	10620	1215	9405	1
9	2015/12/13		物静かなひつじ	手帳講座	3000	1215	1785	
10	2015/12/13		狼	手帳講座	3000	1215	1785	
11	2015/12/13		束縛を嫌う黒ひょう	手帳講座	3000	1215	1785	
12	2015/12/16		夢とロマンの子守熊	カルテ	4200	2100	2100	
13							0	
14					54320	16445	37875	

Excelはもちろん備え付けのパソコンに記入するのも良いですが、私のオススメは、

「Googleスプレッドシート」

というGoogleが出している無料で使えるツールがあります。

こちらは、クラウドサービスになっており、専用アプリをダウンロードし、Googleアカウントをスマホに登録しておけば、おうちのパソコンだけでなく、外出中、スマホでも入力等ができるので便利です。

そもそも昨今はさまざまな会計ソフトやアプリが出てきているので、そちらをご自身で検討されるのもいいかと思います。

要点は、

「自分の毎月の売上、経費、利益、お客様情報がわかるものを作ること。毎月、状況を把握し、改善すること」

です。なんとなく占い師をやっている方はこうした点を見落としがちです。しかし、このように客観的に自分のビジネスを見つめるツールがあれば、毎月ひいては1年間において、どの商品・サービスをどれくらい販売すればいいかわかります。

闇雲に活動するよりも、何をどう活動すればいいかわかっていることは、占い師が占いに専念するためにもとても大切なことです。

加えて、副業として活動している人にとっては、あとどれくらい商品・サービスを売ることで、本業としてやっていくことができるかなど目処がわかりますよね。

ぜひ、取り入れてみてくださいね。

5・継続課金してもらうシステム〈上級〉

これまで、たくさん鑑定をして経験を積むこと。さらにその経験を教える占い講座についてもお伝えしてきました。

もちろん、占い講座もいいですが、昨今はオンラインサロンなどもお勧めです。オンラインサロンとはわかりやすくいうと、「ファンクラブ」みたいなものです。

月額制にして、会員様だけに記事や動画を公開したり、zoom講座、飲み会やお茶会をしたりという形でオンラインサロンを作れば、毎月の安定した収益が得られます。もちろん、毎月安定した売上が立ちますが、こうしたこのオンラインサロンは継続するのがとても大変とも言われております。

一般的にオンラインサロンは1年間継続できる確率が50%以下というのも言われています。ですから、サロンを始めるときは、ある程度見込み客やリピーターさんなどができた状態でスタートすると良いでしょう。

また、オンラインサロンを作るときは、会員サイトなどを作る必要もあります。そのため、いろんなシステムなどをリサーチしたうえで作ることをお勧めいたします。

毎月、記事、動画、イベントを開催するのはとても大変ではありますが、会員さんとの交流はとても楽しく、日々の活動の糧になります。こちらも占い講座が安定してきた後に、検討してもいいかと思います。

ところで、どのようにオンラインサロンを始めるかということですが、最近はオンラインサロンを作るプラットフォームもたくさん出てきています。毎月手数料等が発生しますが、こちらを使うとあまり労力がかからず始めることができます。

例えば、

・FANTS
・IDOBATA
・CAMPFIRE
・DMMオンラインサロン
などです。

もちろん、いろいろシステムを自前で作ると、これらのプラットフォームにかかる費用はかかりません。ですが、いろいろとリサーチしたり手続きを踏んでいかないといけないでしょう。私は、今もう運営して4年ぐらい（2023年時点）経っておりますが、始めたとき、プラットフォームがあまりなかったので、全部自分で作成しました。

さて、ここからはオンラインサロンを作るときに用意するべきものをまとめておきます。

①会員限定サイト、もしくは、オンラインサロン・プラットフォーム

こちら、オンラインサロンのプラットフォームを使う場合は、前記に挙げたプラットフォームを参考にされてみてください。また、随時新しいプラットフォームも出てくることでしょう。ぜひ、お調べになってご自身の状況にあったものを検討されてみてください。

なお、自前でやる場合はワードプレス（Word Press）がお勧めです。ワードプレスで

はパスワード、ＩＤを設定し、会員の方だけが見ることができるようなページを作ることができます。そのようなページ上で記事や動画等を提供すると良いでしょう。

②クレジットカードの毎月課金の決済システム

毎月支払いについては、定期課金システムを使うことが鍵です。これについては、前の項目である「３・クレジットカードで支払ってもらうには？」で解説している決済代行会社を使うと問題なく継続課金ができるでしょう。

③Facebookグループや LINEグループ（オープンチャット）など、メンバー限定の交流するツール

オンラインサロン専用プラットフォームでは、こういったものが中に含まれているサービスなどもあると思うので、その場合は必要ないかもしれません。

しかし、自前で作る場合は、メンバーさんを集めて、相互に意見のやりとりができるツールを使わなければいけません。

こちら、最近では、「ＬＩＮＥオープンチャット」などが使い勝手が良かったりするのでお勧めです。

④配信する内容や、サロンのテーマ

一番大事な項目です。
ご自身の占術に合ったテーマを絞りサロンを運営していってください。
例えば、
・占いで人を幸せにする
・恋愛に特化したサロン
・占術をひたすら学ぶサロン
等々、いろんなテーマをご自身で想像を膨らませ、決めてください。

私の場合は、いろんな占いを学びながら、運気を上げる学び舎
『Acco Fortune-telling academy』
というコンセプトで運営しております。こちらのオンラインサロンでは、
・会員限定サイトで毎月2記事もしくは動画配信
・毎月ｚｏｏｍ講座開催（手相、タロット、算命学などなど、いろんな先生をお呼びして運営しております）
・占い鑑定書を毎月3～15枚（プランによる）配布

・2カ月に1回オンライン飲み会開催
・4カ月に1回、サロンを盛り上げて下さった会員様上位2名にプレゼントを贈呈
《プレゼント例》
・60分無料zoom鑑定
・開運手帳
・開運アート
・ラッキーカラーピアスorイヤリング
——等々です。こういった形で、日々楽しんでもらえるようなサービスを考えながら提供しています。

最近では、私が手が回らなくなったところをメンバーさんが手伝ってくださり、4人で、2023年星別運勢動画を作り上げたりすることもできました。会員さんとはお客様という形よりも、家族や仲間といった形で、お互いに支え合いながら楽しく運営させていただいております。

私の心の支えでもあります。

第5章　安定した収益を得られる、占い師のためのwebマーケティング

1・なぜ占い師がwebマーケティングを習得すべきか？〈初級〉

突然ですが、きっとあなたも私と同じようにネットで何かしらのモノやサービスを購入した経験があるでしょう。あるいは、ネットでショッピングすることが当たり前のようになっているかもしれませんね。

例えば、アマゾンや楽天といった大手のショッピングサイトでしたり、映画やドラマを見ることができるネットフリックスなどもそうです。こうしたネット上での商品の売り買いを少し難しい言葉ですが、〝Eコマース〟と呼んだりもします。

こうしたネットでの販売はその属性上、日本や世界といったお客さんを相手にすることができる強みがあります。

上記の強みに加えて、さまざまな理由から多くの企業がインターネットのビジネスに参入してきました。余談ですが、こうした企業が消費者に対して取引することを〝B toC〟、企業と企業が取引することを〝B toB〟といったりします。

ですので、インターネットの到来とともにこうした市場は驚くべきスピードで拡大しています。加えて、スマートフォンの普及により、いろんな方により身近なものになりました。

さらに、こうした広がりに拍車をかけたのが、ご存知のとおり「コロナ」です。対面での接触を控えることが必要になったコロナ禍以降、オンラインでの取引は急激に伸びています。

もちろん、お店に行って商品を買うこと自体は無くならないでしょう。ただ、言えるのは多くの人にとって「ネットでモノを買う」といったことが根づいたこと。商習慣が変わったことを私たちは自覚する必要があります。もはや、場所を定め、店舗を構えて商売をすること自体が時代や社会背景的に逆風なのかもしれません。というのも、日本では高齢化、非婚化、晩婚化、単身化ひいては少子化も進んでいます。

ニーズも複雑で多様になっている昨今では住んでいる商圏だけでビジネスをするのは難しい傾向もあります。こうしたことを踏まえると、私たち占い師もまたこうしたオンラインでの販売に対して目を向けていかねばならないと言えるでしょう。

そのうえで、こうしたオンラインでの販売を〝戦略的〟に行っていくことを一般的に「ｗｅｂマーケティング」と呼びます。ですから、占い師もこうした「ｗｅｂマーケティング」を積極的に学び、ご自身のビジネスに取り入れる必要があります。

というのも、昨今はご存知のとおり、占い師だけでなく多くの人がネットでのビジネスに参入しています。例えば、恋愛に関する悩みを持っている人がいるとします。従来であれば、占い師がそうした方をお相手にすることが多かったでしょう。

ですが、恋愛専門のコーチ、コンサルタントなどが上手にｗｅｂマーケティングを取り入れたらどうでしょうか？　お察しのとおり、そのような方々とも競争しなければならないのです。こうしたことは恋愛に限らず他のお悩みでもそうです。

このように占い師同士といった直接の競合だけでなく、間接の競合とも競わなくてはならないことに気づいておかなければなりません。実際、その競争は年々激しくなってきており、もはや自分のことを知ってもらうことすら難しくなっています。

とはいえ、占い業界は『アナログ体質』の方がまだまだ多いため、上手にｗｅｂマーケティングを取り入れている方はあまりいないものです。ですから、あなたが本腰を入れてネットでビジネスを始めていないなら、できるだけ早く参入することをおすすめします。

ところで、一般的に人は「ＡＩＤＡの法則」と呼ばれる心理的な流れに沿って、商品・サービスを購入すると言われています。このＡＩＤＡの法則とは具体的には……

１・Attention（注意）

2・Interest（興味、関心）
3・Desire（欲求）
4・Action（行動）

といったものになります。

では、Webだと AIDAの法則はこのように置き換えられます……

・Attention（注意）：いかに自分を見つけ出してもらうのか。
・Interest（興味、関心）：いかに自分のwebサイト、SNSに訪問し、長くとどまってもらい、いろいろなコンテンツを見てもらい、興味・関心を持ってもらうのか。
・Desire（欲求）：いかに「この先生にお願いしたい！」と思わせるのか。
・Action（行動）：いかに鑑定や講座などに申し込んでもらうのか。

――これらの Attention（注意）から Action（行動）までのそれぞれの段階をネットで設計し、販売を完結させていくのがWebでの販売です。

例えば、Attention（注意）の段階で考えてみましょう。従来であれば、先ほどの Attention（注意）はテレビCM、雑誌広告、店舗を出すといった方法でお客さんの認知や注意を集めていました。

一方、ネットだとWeb広告、検索された際に上位に表示される記事やSNSのコンテンツがお客さんの認知や注意を集める方法に該当します。Web広告も目的と手段に応じて幅広くあります。

具体的にはリスティング広告、ディスプレイ広告、アフィリエイト広告、SNS広告など幅広くあります。ただ、目的と種類が一致していないと効果が薄いばかりか、広告費ばかりかかり何もならない……なんてこともあるので注意が必要です。

とはいえ、これらはAttention（注意）のフェーズだけでの話です。先ほどの話で言えば、集客のきっかけはうまく作れても商品やサービスに興味・関心→欲求→行動のフェーズにうまく遷移してもらえるとは限りません。そのため、それぞれの段階に応じてお客様を望む方向へと導くための工夫が必要です。

加えて、Webならではの強みは計測できることです。例えば、「どの広告に何人の顧客が集まったか」「誰がどのページをどのくらいの頻度で訪れたか」「各ページに何人がどのくらいの時間滞在したか」といったデータが計測できます。

こうした結果を分析し、改善するための仮説を立て、施策を実施すること。厳密に言えば、このような一連の総称がWebマーケティングと呼ばれます。そうすることで、より良い集客や販売につなげることができるのです。

ここまでいくつか難しい表現でお伝えしてきましたが、Ｗｅｂマーケティングとはつまるところ、Ｗｅｂにおける集客と販売に焦点を当てたあらゆる活動であると思っていただけるといいでしょう。

ただ、先ほども触れたとおり占い師の大多数が『アナログ体質』です。それを踏まえると、ここまでお伝えしているｗｅｂマーケティングを理解し、実践していくことは、占い師の明暗を大きく分けるポイントと言っても過言ではないでしょう。

さて、これからの項目では占い師の方がいかにＷｅｂを活用し、効率的に集客・販売につなげていくかについて重要なことをお伝えしていきます。

2・Instagram でフォロワーを集める5つのコツ

さて、ここからは過去の内容と重複しているところもありますが、復習としてもお役立ちできるようにしています。ですので、ぜひ振り返りながら読み進めてもらえると倖いです。

さて、Ｗｅｂマーケティングで最も大事な工程は「お客様リスト」を集めることです。まさに、このリストを集める活動が最初に取り組むべき活動です。わかりやすくいうと「ティッシュ配り」だと以前お伝えしたと思います。

ただ、この「ティッシュ配り」も人がいないような場所で配っても意味がないというのはなんとなくわかるでしょう。それと同じようにネットにおいても人が集まっている場所を探し、そこでティッシュを配布する必要があります。

では、ネットにおいて人が集まっている場所はどこでしょうか？

その代表格がまさにSNSなのです。言ってみれば、ＳＮＳは街の広場のようなものです。そこに人々が集まり、意見を交換しています。ただ、現実世界と違うのは、そこで文章、写真、動画といったコンテンツを通して、交流していることです。

ちなみに、少し専門的になりますが、Ｗｅｂ上での人の行き来の量をトラフィック（traffic）と呼びます。厳密に言えば、ネットを行き来するデータ量のことを指しますが、英語で交通量を意味するように「ネットでの人の流れ」と考えてください。

それを踏まえると、この「人の流れ」を意識して、ティッシュを配布する必要があります。より細かく言えば、この人の流れが自分のお客さんとしたい人々であることが重要になります。

例えば、膨大な量の人の流れがあるサイトがあるとします。しかし、自分が女性をターゲットとしているのに、その流れの大半が男性だとどうでしょうか?　きっと、そこに情報を流しても思うような結果にならないでしょう。

ですから、自分がお客さんにしたい人たちがネットにおいてどんなサイトやメディアを往来しているか。そうしたことを日々意識として持っておくことがとても大切になります。

ちなみに、このトラフィックは主に二つの方法で集めることができます。一つは、文章、写真、動画といったコンテンツをネット上に発信することによって集めるもの。もう一つは広告などを使って集めるものです。

前者はお金がかからないものの、人の流れが一定ではありません。後者はお金がかかるものの、ある程度、人の流れをコントロールすることができます。どちらも一長一短がありますが、長期的な視点に立つと、どちらも活用することが必要です。

ちなみに、後者の広告については追って後半の項目で解説していきます。

とはいえ、初級の占い師さんは金銭的なリスクがない前者のほうから始めたほうがいいでしょう。そのうえで、オススメなのはSNSを活用することです。その中でも占い師にとってInstagramが相性がいいと言えます。

もちろん、SNSにはいろんな媒体があります。YouTube等が相性がいいと思われる方はそちらを利用されてもかまいません。ぜひ、あなたの強み、競合となる人の状況、ターゲットなどを総合的に考えて取り組まれてください。

加えて、新しいＳＮＳなども登場したりします。それによって、既存のＳＮＳが廃《すた》れてしまうこともあるでしょう。いずれにせよ、トラフィックを集めようとすると、今後も何かしらのＳＮＳが欠かせないことは間違いありません。

ここではInstagramによってより多くフォロワーを集めるコツをお伝えさせていただきたいと思います。

①投稿の内容を充実させる

当然ですが、中身が乏しい投稿は読まれません。結果として、滞在時間も少なくなるので、あまり検索順位が上にも上がってきづらいです。私がお勧めしているのは、画像を10枚載せることができれば10枚全部使うことです。文字数も２０００文字まで書けるので、５００～１５００文字ほどたっぷり書くことをお勧めします。

Instagramはその投稿に対して何秒ほど滞在しているかなどもＡＩで計測していると言われます。ですから、滞在時間を長くするためには、内容が濃いことはもちろんのこと、丁寧で読みやすい文章を心がけることで他の人と差別化が測れます。

②サムネイルのキャッチコピーを大事にする

サムネイルとはInstagram、YouTubeなどのSNSにおいてクリックして中身を確認しなくても、目で見たときにその内容が一瞬で分かるような画像のことを指します。つまり、最初に目に飛び込んでくる画像ということですね。

これはどのSNSにも通じて言えることですが、最初の画像にインパクトがなかったらその続きを読みたい・見たいと思われないものです。そこで大事になるのが画像の中のキャッチコピーです。

そう、コンテンツの中身が気になると思ってもらえるようなキャッチコピーを考えなければいけません。よく言われるのがインフルエンサーでもサムネイルのキャッチコピーに8割の労力を使うと言われています。

では、どうすればいいキャッチコピーが書けるのでしょうか？　それについては、書籍などで学んでもいいですが、おすすめなのは〝いいね〟や再生数が多いコンテンツのキャッチコピー、タイトルを真似ることです。

とはいえ、何も一言一句を真似しなさいと言っている訳ではありません。そうした反応が高いコンテンツの表現や構成などを研究したり、画像をストックしてアイデアの参考にするといった真似です。そうした研究や実践を繰り返していくと、徐々に良いキャッチコピーが書けるようになっていきます。ぜひ、意識してみてくださいね。

③日々できる活動

どうしても最初のフォロワーが少ないうちはたくさん投稿してもなかなかフォロワーが増えない傾向にあります。そこでより多くの方に知っていただくためには、こちらから動くことも選択肢の一つです。

そこで効果的になるのが「いいねまわり」です。

この「いいねまわり」も1時間に300件以上つけてしまうと、Instagram側から一時停止をされてしまう可能性があるので、1時間に300いいね以内に収めておきましょう。

なので、フォロワーが増えないと悩むくらいでしたら、自ら行動することをお勧めします。もちろん、フォロワーを増やす目的でもありますが、お客さんとなる方の趣味思考、考え方といった顧客理解を深めたり、市場リサーチができる活動です。

もちろん、投稿の内容に自信があれば、このいいね活動は必要ないかもしれません。ぜひ、ご自身の状況に合わせて考えてみてください。

④フォローはしすぎない

よくフォロワーを増やす目的でたくさんアカウントをフォローしているアカウントを見かけます。ただ、残念ながらこれは逆効果です。なぜなら、Instagramはアカウント属性などを分析し、それに応じて#などの検索順位を上げたりしてくれます。

ですので、いろんな属性のアカウントを片っ端からフォローしてしまうと、あなたのアカウントが占いというカテゴリーにならないのです。となると、検索順位が落ちてしまい、占いの情報を探している人へ表示されなくなります。

となると、フォローする場合にもできれば同じような系統のアカウントを意識する必要があります。なので、一般の方は大切な関係性の方に留めておくくらいがいいでしょう。

また、一般論として人気のアカウントはフォローが少なく、フォロワーが多い傾向にあります。ぜひ、そちらのことも頭の中に留めておいてください。

⑤最低ラインの投稿数を意識しよう

投稿する頻度ですが、一番ベストは毎日投稿です。やはり、毎日投稿していて、かつ質の良い投稿をされているアカウントには敵いません。そういったアカウントはすぐに何万フォロワーと行きます。

しかしながら、毎日投稿していくのは大変なものです。その中で、私が今までやってきてフォロワーが増え続ける、最低ラインの投稿数というのがあります。それが3日に1回です。月に換算すると、9～10の投稿になります。

この最低ラインの投稿を維持できないと、なかなかフォロワーは増えないと思っていただいていいでしょう。投稿を続けるのは本当に大変です。ですが、内容が濃く価値あるものを継続して投稿していくと必ずファンはついてきます。

ぜひ、あきらめないで頑張ってくださいね。

3・SNSでたくさんの人に投稿を見てもらうには？

さて、ここまではInstagramに特化したアクセス数を集める、フォロワー数を獲得する方法についてお伝えしてきました。ここからはInstagramに限らず、他のSNSでも使えるアクセスやフォロワーを集めるコツについてお伝えしていきます。

私自身も占い師として活動しながら、マーケティングやSNSの集客についてはかなり勉強してきました。いろんなSNSを使うにしても、一定の法則があり、変わらないノウハウがありますので、そちらをお伝えしたいと思います。

①定期的に投稿することでフォロワーにもSNSにも応援される

これは基本中の基本になりますが、やはり定期的な投稿にこそ、成功の鍵があります。Instagram でもお伝えしたように、頻度にムラがある投稿はなかなか伸びない傾向にあります。その理由はシンプルで、定期投稿は楽しみにしてくれるユーザーファーストな運用方法であり、そのユーザーが喜んでいるアカウントをSNS側も応援してくれるからです。より詳細に言えば、ＳＮＳをスタートしても、継続できなければ、すぐに優先表示から外され、誰にも見てもらえない状況になってしまいます。これでは、とてももったいないですよね。

以前もお伝えしましたが、私自身もいろいろプライベート等の変化で投稿できない期間が1カ月ほどありました。たった1カ月かもしれませんが、フォロワーが５００人から１０００人ぐらい減ってしまったのです。

以上を踏まえると、やはりどの媒体でも定期投稿は大切でしょう。もちろん、理想的なのは毎日投稿が早く結果を出せる最大のコツだと思います。

もちろん、継続はものすごく大変です。そのことは私もよくわかります。ですが、継続することで、たくさんの人に見てもらえたりと徐々に状況は変わっていきます。あなたの望む状態を見据えて頑張ってください。

②GIVEの精神

これはSNSに限らず、あらゆることに対してもそうだと思いますが、ギブの精神を持たないと投稿を見てもらえません。

例えば、宣伝や売り込みばかりしているアカウントは言うまでもなく伸びません。これは現実世界でもそうでしょう。シンプルに言えば、自分のことばかり考えている人だからです。

一方、伸びるアカウントは相手のことを考えています。時間や手間暇をかけて、ユーザーのためになる投稿や面白い投稿を提供し、喜んでもらうように努めていきます。それが結果としてたくさんの人に見てもらえますし、露出が多くなるきっかけになります。

③無料でも自分でできるような内容

よく「ためになる投稿や面白い投稿をしなさい」と、いろんなSNSのノウハウ本で書かれているかもしれません。実際、先ほど私もそのようなことに触れましたね。

では、占い師の私たちがどのような投稿をすれば「ためになる投稿や面白い投稿」になるのでしょうか？　私もいろいろなアカウントさんや占い師さんを見てきて、共通点があり、その基準になる一つの指標として、

「このアカウントをフォローしていれば自分で占うことができる」

という内容が伸びる傾向にあります。例えば、命術でしたら、

「この星の解説について」

もっと具体的にいうと、九星気学であれば……

・一白水星の性格
・一白水星と相性が良い星
・一白水星の今年の運勢

など一白水星の人がこの投稿を見ることによって、自分の運気がわかったり性格がわかったり、相性がわかったりする内容です。こうした内容が自分で占うことができるようになるアカウントということになります。

とはいえ、価値ある情報を出してもいいのか？　と思うのかもしれませんね。ですが、無料の段階で期待を超えるような情報でなければ、その後の有料の商品・サービスを買いたいと思いませんよね？　それでいて、無料で受け取っている限り、人はその情報を活かすことがあまりできないものです。それを踏まえれば、あまり出し惜しみすることなく、価値提供していくことが大事になります。

ぜひ、こうした点を参考にされて、あなたが専門としている占いをいろんな人に見ても

らうようもらえるようにしましょう。

④ハッとさせられる内容

これは少しレベルが高いノウハウではありますが、普通の人が思う常識とは異なる内容がアクセス数を上げるきっかけにもなります。言ってみれば、意外性を持たせる投稿ということですね。

先ほどの九星気学の一白水星の例を挙げますと「一白水星はとてもコミュニケーション能力が高い星なのですが、その一方で本音を話さない星という一面も持っています」という内容を投稿するとします。

占いに少し詳しい方なら、一白水星がとても感じがよくコミュニケーション能力が高いことを知っているでしょう。しかし、後半の自分のことは話さず、隠す特徴を持っているのは意外性が高い内容になります。ただし、このハッとさせられるような内容は少しネガティブな要素も含みます。なので、劇薬のようなものであることを理解するべきです。そのため、使い方にはくれぐれも細心の注意を払い投稿すると良いでしょう。

他方、こうした分野のキャッチコピーなどで「〇〇はもう古い」というキャッチコピーなどもありますね。あくまでも参考ですが、

「神社に参拝すると、運気が上がるはもう古い」

といった意外性を持ったキャッチコピーもいいでしょう。実際、投稿を読むと納得できるような理由が書いてあれば、このキャッチコピーは正解です。一方で、中身が伴わない投稿であれば、相手からの印象はよくないでしょう。

こうしたテクニックは、もう少し上級レベルになったら使ってもいいでしょう。

4・ネットで集客する上で大事なこと

ここまでInstagramを始めとしたSNSなどのことをお伝えしてきましたが、それらを総じて、私の中でこれだけは押さえておきたいことをリストアップしてまとめてみました。

以下のことを参考にしていただけますと、結果が出やすくなってくると思います。

①常に見ておくこと

何度もお伝えしてると思いますが、SNSは常にアクティブな状態にしておくことが大事になります。アクティブというのはそのSNSを利用している状態のことです。

たくさん利用している人ほど、そのSNSも検索順位などに上がってきやすい傾向があるため、1日に最低1回から2回はそのSNSのアプリを開いていいねをしたり、コメントをしたり、投稿をしたり、何かアクションを起こすことを心がけましょう。

②アウトプットをたくさんすること

さて、アクティブから一つ上がった段階はアウトプットを意識することです。やはり、見るだけではまだまだプロではありませんので、習ったことなどをどんどんアウトプットしていってください。

私の元でマーケティングを習っている生徒さんがよく口を揃えて言われるのが、「最初はInstagramにはすごく抵抗あったけど、やり始めると自分の占いの復習になったり、講座で習った内容の理解も深まるので、とても勉強になっています」とおっしゃいます。ですので、アウトプットは最高のインプットだということを意識して投稿をされてみてください。

③SNSの本来の機能はコミュニケーション

こちらもまたバランスが大事になってきますが、アウトプットだけして他のアカウントさんとの交流が一切ないというのも、SNSの本来の使い方ではありません。

SNSはユーザー間のコミュニケーションに基づいているので、もしもあなたが発信したりしないときは、他のアカウントさんにいいねしたり、コメントしたり、リアクションをしてください。

④一貫性を持つ

Webマーケティングには関係ないように思う方もいるかもしれませんが「一貫性」はとても重要な概念です。というのも、Webで発信しているテーマやメッセージと行動が伴っていないと信頼されないからです。

元々、対面よりも非対面のほうが信頼を築くのが難しいものです。それなのに、信頼されないとなると売上を上げることは難しくなってきます。

例えば、最初は四柱推命を発信していたのに、1カ月後にはタロットの発信をしているとなると、ユーザー目線だとどうでしょうか？　もちろん、最初から3つほどに占術を絞り、それについて一貫性を持って配信してるのなら良いのですが、一つの占術に絞っているのであれば、できれば1年ぐらいはその占術について発信をされたほうが、ファンがつきやすく定着していきます。

繰り返しますが、ネットでは顔や素性のわからない人の投稿を見ているわけです。となると、信頼が乏しければお金を支払うまでのプロセスには時間がかかります。ですので、一貫性を持って継続すること。信頼を得ていくにはこれに尽きるのです。とはいえ、オンラインだけでなくオフラインにおいても占い師として活動していくのに大事な考え方です。

⑤自分をさらけ出す

近年の傾向としては、オーセンティック（authentic）と呼ばれる概念がビジネスにおいて注目を集めるようになっています。オーセンティックとは「本物らしさ」「自分らしさ」のことです。

例えば、リーダーシップにおいても強くて完璧な自分を誇示するよりも、弱くて完璧ではないところも明かし、結果としてメンバーからの信頼も得るそんなリーダーも増えてきました。

一方、占い師は自分のことを隠したいという心理を持つ方が多い傾向にはあります。（例えば、自分のことや星などを隠す傾向など）ですが、先ほどのような傾向を踏まえるとそうした態度は正直、時代に合ってないかもしれません。

そもそも、人は自分らしく生きている人に居心地の良さや安心感を持つものです。自分の弱さを認め､受容できる。そんな人に私たちはなんとなく人間的な魅力を感じないでしょうか？

自分の良いところばかりを見せるのではなく、失敗したこと、恥ずかしいことなども、ときどき発信してみましょう。もしもそれができない人は本書の内容とは異なりますが、何かしらのトラウマや傷を抱えているのでしょう。

あまり無理はしないでいいですが、こうした投稿ができることによって信頼され、応援されるアカウントになっていきます。結果として、ビジネスもうまくいくでしょう。

このように「本物らしさ」「自分らしさ」はこれからの発信の鍵になる概念です。

5・レスポンスは早い人が勝つ！

さて、ここまでＷｅｂでの話だったのにいきなり「レスポンスの話？」と思われたかもしれません。ただ、Ｗｅｂサイト、ブログ、ＳＮＳを運用していると、お客さんとなる方からのいろんな問い合わせやコメントが寄せられます。

これはＷｅｂに限らないお話ですが、うまくいく人、成功する人、稼ぐ人の共通点は、『レスポンスが早いこと』

です。この手の有名なのが実業家のホリエモンこと堀江貴文さんは「電話は絶対出ないけどＬＩＮＥなどは秒で返す」と言います。

実際、私もいろいろな経営者の方ともお付き合いさせていただいていますが、日々やりとりをしていると、この人はうまくいくだろうな、この人はうまくいかないだろうなというのがわかってきます。

やはり、うまくいっていて、成功していて、稼いでいる占い師ほどとにかく返信が早いです。秒までは行かなくても3時間以内には返してくださいます。

もちろん、お勤めをされていて副業で占い師をしている方はお昼休みや就業前後と返信できる時間が限られているでしょう。ですが、そんな方にもおすすめなのが『12時間ルール』です。

これは私なりの基準ですが『12時間ルール』というのを設けています。具体的には相手から何かしらの連絡が来たら『12時間以内には必ず返す』というルールです。

もちろん、すぐに回答できるものについてはすぐにお返事します。ただ、考えたり、調べたりする必要があるものは12時間以内には返すように心がけています。場合によっては「後ほどご返信する旨」を先にお伝えすることもあります。

近年、ありがたいことにほとんど休みなく仕事をさせていただいています。ただ、朝から集中していると夕方には身体的にもそうですが、脳にも相当な疲労が溜まってしまいます。

この状態のまま作業を続けてもご連絡された方への対応はもちろんのこと、次の日のお客様や生徒さんへの対応の質も下げてしまいます。ですから、私は夕方以降はスマホを見ないようにし、次の日の朝に集中してお返事をするようにしています。

もしもあなたが自分は返信が遅いかもしれないと心当たりがあるのであれば、なるべく早く返信できるように心がけましょう。そもそも、対応すればするだけ仕事も進み、生産性も高くなります。

また、相手の立場にもなってみてください。何かしらお困りごとや知りたいことがあってご連絡をされている訳ですよね。それをすぐに対応してもらえたらどうでしょうか？おそらく自分のことを大切にされていると嬉しい気持ちになるでしょう。

このように返信が早いことは相手への思いやりでもあるのです。言い換えれば、『礼儀』なのです。当然かもしれませんが、礼儀礼節ある人は、相手からの信頼を得やすいです。結果、あなたにお願いしたいと思われる可能性が上がります。

『無礼は損』

です。もしも礼儀礼節がなければ、どんなに素晴らしい占いができても、相手から受け入れてもらえませんし、口コミや紹介で広がることもないでしょう。ですが、こうした日頃のちょっとしたことで防げるものです。

レスポンスの早さって意外と軽視されがちなものです。ですが、すごく重要なことなんですよね。オフラインはもちろんのこと、直接対面しないオンラインだからこそ意識したいものです。

6・HP&ブログはこれまでも・これからも必要〈中級〉

「これからの時代、ホームページやブログはあまり必要ないんじゃないか?」

昨今はSNSの普及なども相まってこうした考え方を持たれる方もいるかもしれません。

たしかにインターネットの初期ではホームページ・ブログを開設するだけで新規のお客さんが集まっていました。しかし、規模が大きい会社などが組織立って検索順位を上げる施策や費用をかけているため、昨今個人では難しい現状があります。

そうした背景もあるため、これまで私はSNSの重要性を説いてきました。

さて、冒頭の質問にお答えするならホームページやブログはこれからも必要だと考えます。ただ、より厳密に言えば従来の目的や役割とは異なった形というべきでしょうか。

これまでのホームページ、ブログの目的や役割は集客することでした。しかし、おそらくこれからの目的や役割はブランドに変わっていくでしょう。ここでのブランドとは「信頼できるかどうか」と言い換えられるかもしれません。

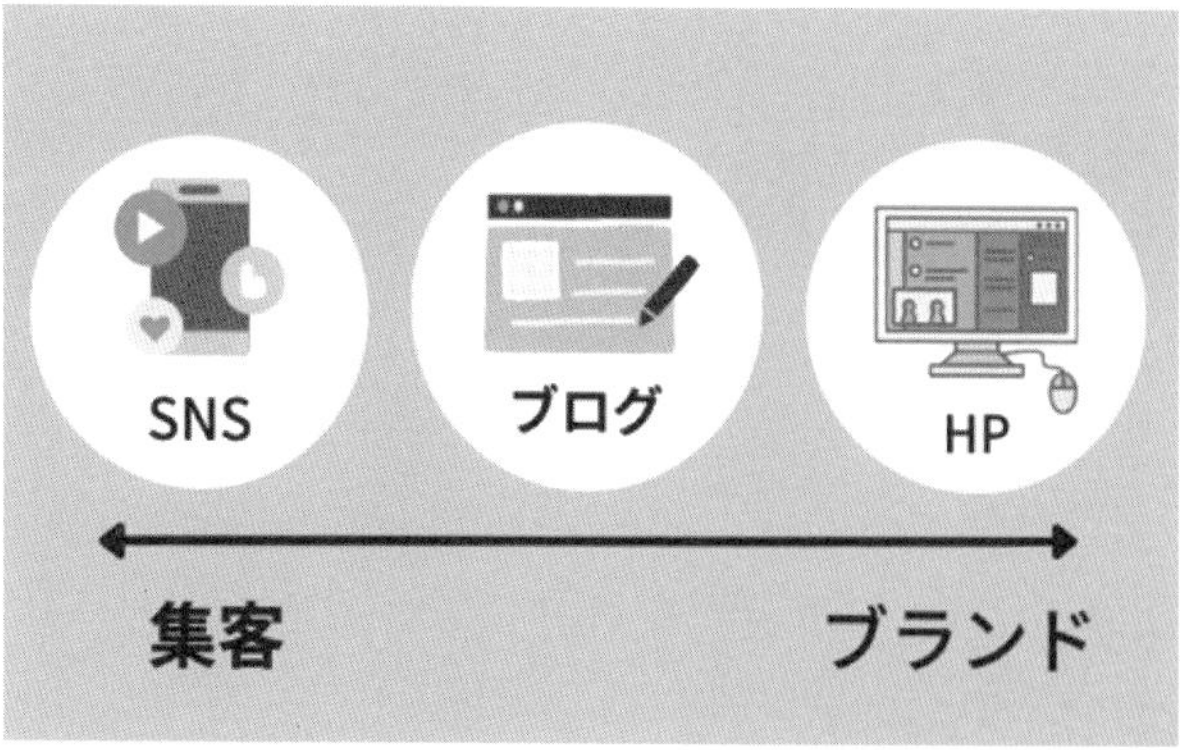

ここまでお伝えしているようにSNSはユーザーに認知してもらい、きっかけになるうえではこのうえない媒体です。しかし、ユーザーの動きも想定してみてください。SNSによって価値ある投稿や配信に対して、興味関心を持ったとします。

とはいえ、SNSの情報は細分化されたコンテンツが多いものです。もしもまとまった情報を得たいと思ったらちょっと不便ですよね。では、そこでユーザーがどのような動きをするかというと、ブログ・HPを訪問するのです。

というのも、SNS上で占い師の名前などの情報は知り得ていますよね。ですから、直接占い師の情報を検索ワードに打ち込み、到達されるのです。そこで、まとまっていたり、整理された情報にアクセスしようとされます。

そして、この動きはSNSだけではありません。過去の章でもご説明した広告の場合でもそのような遷移《せんい》をします。なぜなら、この広告主は本当に信頼・信用できるのか？　とユーザーは疑いの目を持っているからです。

実際、何かしらを検索した際に「〇〇　評判」といった検索候補が出てきたりしないでしょうか？　これはユーザーがSNSや広告で知った情報を元に検索している動きがあるからなのです。

ただ、もしもそこでブログ・HPが整っていなかったらどうでしょうか？　安っぽい作りやデザインだったり、ブログなどもずっと更新されていない状況だと、「この人は信頼できるのか？　そもそも、本当に活動しているのか？」となりませんか？

他にも個人のお客さんだけでなく、法人の場合もそうです。法人の場合だと、信頼できない人に依頼したらその担当者は責任問題になりますから、HPなどで念入りにこちらの情報収集をされるでしょう。他にも雑誌、テレビなどのメディアが取材を考えている際もブログやHPからその人が信頼できるかを確認するはずです。もちろん、SNSも確認するでしょう。ただ、より詳しい情報を求めて、ブログ・HPへの動きは想定されます。

いったん、お客さんの視点に戻りますと、やはり占いは目に見えない商品・サービスになります。そうした商材の性質上、「信頼できる人かどうか」がお客さんの支払う基準になります。特にネットのような非対面ではなおのこと意識されるべきです。

まとめると、SNSは価値ある投稿や配信をすることによって、集客の目的を果たしたり、役割を担ってくれるでしょう。一方、ブログ・HPもそうした集客の機能を持ちつつも比重はその人が信頼できるかのブランド形成に移りつつあることを意識すると良いでしょう。

ですから、HP&ブログはこれまでも〝これからも〟必要なのです。ただ、そこで気をつけておきたいのが、単にブログを作るのではなく『有料ブログ』を使うことです。

近年、無料でたくさんいろんな媒体のブログが増えています。例えば、アメブロ、noteなどが挙げられるでしょう。もちろん、駆け出しの頃はそのような無料ブログでいいと思います。ですが、中級クラス以降になると、有料ブログを使い、きちんとホームページ感もあるブログを作成していくことが、さらに信頼を高めるコツとなります。

7・情報配信に慣れてきたら、ツールを増やす

占い師を始めると決意したときに、まずはSNSのアカウントを作り、情報発信をすることの大切さとそのコツをお伝えしてきました。ここまでお伝えした通り、継続的な投稿を続けていくためには一つのSNSに絞って運用していくことが必要です。

ただ、そのツールに慣れ、投稿を維持できるようになったら、他のSNSをスタートすることも考えてもいいでしょう。

例えば、Instagramを月に9〜10投稿くらい難なくできるようになれば、次は音声コンテンツ、ポッドキャストや、動画コンテンツ、YouTubeなどにも展開していくと、また違った見込み客層にリーチすることができます。

しかし、最初から複数のSNSを使うことはどうしてもお勧めしません。なぜなら、一つのツールに慣れていないのにもかかわらず、他のものに手を出してしまうと継続できなくなるからです。また、今は一つのSNSに同時投稿できるようにもなっていますが、こちらはあまりおすすめしていません。同じ内容だとわかるため、使い回し感が出てしまい、アクセス数は伸びないでしょう。

一般的に、複数のＳＮＳを同時進行で運用していくほうが効率がいいと思われるかもしれませんが、結果としてコンテンツの質が落ちてしまうばかりか、継続できずに辞めてしまう方を私は目の当たりにしてきました。

そう、あちこちやることは効率いいどころか遠回りなのです。ですから、慣れたり、成果が上がるまでは一つのツールに絞って、継続することです。もちろん、使ってみて合う合わないがわかることもあるかもしれません。その場合は、別のツールを考えてみてもいいかもしれません。ですが、その場合も複数のツールを始めるのではなく、一つに絞って始めるほうがいいでしょう。

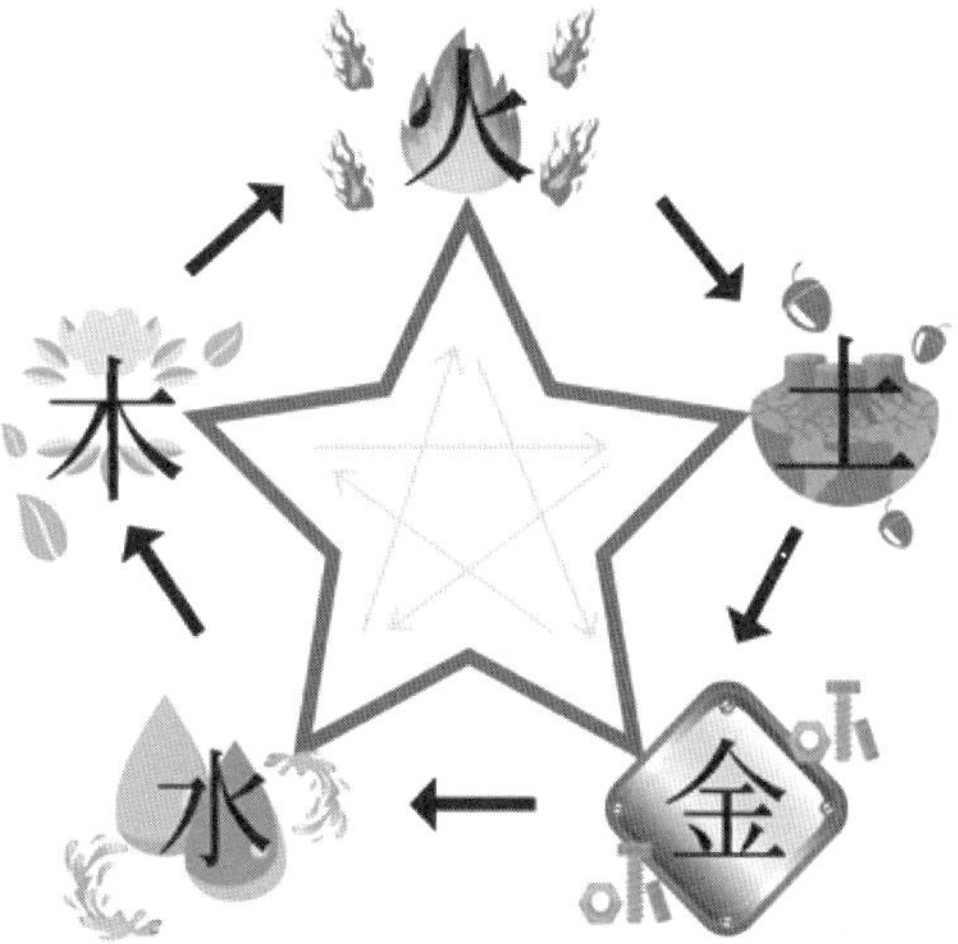

もう一つ大事なことは「フォロワーが増えないから」「モチベーションが保てないから」「ネタがない」といった理由で挫折し、他のツールに移行する方も結構お見受けされます。

ただ、これではどうしても占い師として仕

事を確立していくのは厳しいでしょう。

東洋思想の陰陽五行《いんようごぎょう》思想には、不変の宇宙の法則として「木・火・土・金・水」というものがあります。

少しWebマーケティングの話とは逸れますが、ここでお金が入ってくる陰陽五行の仕組みをご紹介しましょう。おそらく……

「お金がほしい！　お金がほしい！」

と思っている人がほとんどだと思います。けれども、お金が入ってくるためには、東洋思想の陰陽五行のプロセスを意識する必要があります。こちらは、今『風の時代』と言われてますが、何の時代にも通じる永久不変の法則です。

これを無視してお金が入ってくることは絶対ありません。なぜなら宇宙の法則だからです。お金が入ってくるまでのプロセスを陰陽五行別にまとめると、以下になります。

◎木……仕事を見つける段階
◎火……仕事に情熱を燃やし励む段階
◎土……仕事に慣れてきて飽きてしまうが、そこで忍耐と継続を要する、我慢の段階
◎金……お金が入ってくる段階
◎水……入ってきたお金を使い、投資し、次のレベルのビジネスにいく段階

さて、これを踏まえると、この「土」のところで、飽きてしまったり、続けるのが辛くてやめてしまうことがお分かりいただけるかと思います。

実際、私もいろんな占い師さんの卵や占い師さんを見てきて思うのが、この「土」の段階ができない人が圧倒的に多いことです。初めは皆さん楽しんでやることができます。

「占い面白い」

「占いを使って、いろんな人を助けたい。そして、それを仕事にしたい」

と思い、スタートしていきます。

ただ、Ｗｅｂマーケティングの内容を実践していくうちに「こんなつまらないことをしていて、本当に鑑定の申し込みがあるのだろうか？」と思い、継続できずに挫折してしまう方がほとんどです。ただ、ここで覚えていて欲しいことがあります。

この「土」のプロセスこそ、成功の鍵で「忍耐、継続。そしてオリジナリティー」なのです。この慣れて飽きてしまい、つまらなくなっている段階こそ、人気占い師とその他大勢の占い師とを分ける分岐点なのです。

もしもつまらないと感じているなら、そこに二つの学びやチャンスのギフトがあります。

一つ目は、相手ではなく自分にベクトルが向いているということです。言ってみれば、「つまらない」といった思考は自分目線の考え方です。おそらく相手本位の思考であれば、そんな考えは起こりにくいでしょう。ただ、オンライン上だと、どうしてもその相手の姿が想像できないこともあるでしょう。ですが、必要としてくれる方は必ずいます。ぜひ、そのことを忘れないでください。

二つ目に、「つまらない」というのは、投稿のやり方を変えるべきサインです。つまるところ、反応や結果がでないからそのような思考や感情になっているわけですよね。見方を変えれば、もっと反応がもらえるようなアイデア・デザイン・文章に改善していくチャンスでもあります。いろんな人の投稿や配信を分析し、うまくいっているものを真似したり、お客さんのリサーチをしたりとやれることはあるはずです。

まさに創意工夫。そう、あなたのオリジナリティーが求められているのです。よく言われるのは、世の中には、つまらない仕事なんてありません。単に創造性やアイデアが不足しているだけです。面白くできるかはあなた次第なのです。

例えば、Instagramの投稿もそうです。継続していくのが大変な時期があることでしょう。ですが、フォロワー本位を意識し、あなたらしい創意工夫をすること。その継続的な価値提供が素晴らしい循環を生み出します。

先ほどお伝えしたとおり「土」のプロセスの次には、お金が手に入ります。ですが、本気で頑張った方にはお金以上の宝を手に入れて、次のステージに行けるでしょう。ですから、私はこの陰陽五行の中で、一番大事な過程が「土」だと考えます。

このように宇宙の法則を知っていると、継続することが苦ではなくなるでしょう。となると、このプロセスを大事にしないといけませんね。見方を変えれば、多くの人はこのプロセスでつまずきます。反対に、売上を上げるのは、もう目前です。

加えて、他のツールを使い始める前に、本書でお伝えしてきたようなポイントを押さえてきたか？　それを内省されてから、次の段階に移ることをお勧めします。

8・人の力を借りて掛け算方式にビジネスを広げる

さて、この中級クラスの方々になると、おそらく次のようなことに気づくと思います。

「占い師以外の業務が多すぎる」

と。具体的には、どんどん知名度が上がってくるにつれ、鑑定等といった本来の占い師の業務も忙しくなり、配信どころじゃなくなったりするでしょう。これは売れてきた占い師の方が経験し、思い悩むことだと思います。

実際、私自身もよくお客様や生徒さんに聞かれるのですが、

「あっこ先生（私の占い師名）ちゃんと寝てますか？」

と聞かれます（笑）。回答としては、

「ちゃんと毎日7時間ほど寝てます。（笑）」

私も配信活動を全部一人でやっていました。ですが、全部一人で抱え込んでしまうと、限界が来てしまうことに4年目くらいになって、ようやく気づきました。そこから一緒にお仕事を手伝ってくださる方々がいらっしゃいます。

もちろん、すべての業務を他の方にやってもらうわけではありません。業務の中でも、不得意としていることを得意としている方に委託する形になります。割合としては20〜30％くらいになるでしょうか。

ちなみに、私は文章があまり得意ではありません。人と話したりといったコミュニケーションはそんなに苦ではないのですが、いざパソコンでタイピングし出すと、指が止まってしまうことがよくあります。

なので、長い文章や執筆は得意ではなく、実はこの本の構成なども文章を得意としている方にサポートしていただきながら進めています。もし私が自分の文章をそのまま本にしていたら、大変なことになっているでしょう（笑）。

そう、学校のテストなどは自分一人の力で100点を目指す必要があります。ですが、実社会ではそうではないのです。答えを知っている人に聞いて、100点を目指していいのです。むしろ、そのほうが100点以上の点数を取れることでしょう。

例えば、この発想をビジネスに取り入れていくと、おそらく自分一人ではできなかったレベルの高いコンテンツを作り上げることができたりもします。

具体的には、私が提供している占い師さん専用の集客講座「占い師マーケティングプログラム」というプログラムがあります。この講座は私一人が講師ではなく、それぞれの専門分野を持った方を講師として招き、運営しています。

具体的には……

・文章が得意な講師
・デザインが得意な講師
・投稿アイディアなどを考えてくれる講師

それぞれの講師の方の強みによって、お客様に提供するコンサルの価値を高めるようにしています。これをすることによって、他にはないかなり満足度の高い講座に作り上げることができました。

また、私の主催している占いのことが学べるオンラインサロン「Acco Fortune-telling academy」ではサロンメンバーがサポートしてくれたりもします。

具体的には私の手が回らなくなった時に、サロンメンバーの方に毎年配信している運勢動画のご協力を募ったところ、3〜4名の方が手を挙げていただき、お手伝いしていただくこともありました。

お金をいただいて学んでいるメンバーさんに頼むということはとても心理的な抵抗感がありました。けれども、依頼したことで人の優しさに触れ、生きててよかったと思えるくらい、心が救われました。

さらに、手伝ってくださった方、皆さんが口を揃えておっしゃってくださるのが、

・とても勉強になりました。
・良い経験になりました。
・自分が意外とこういったことができる才能があるんだと改めて認識しました。

といったことをお世辞も含めかもしれませんが、おっしゃってくださいます。結果としてサロンメンバーさんとより強い絆や関係性を築くことができました。

そもそも、人は信頼され、任せられることに喜びを感じるものです。他方、どうしても自分の弱みについて悩むものです。ですが、誰かの喜びの機会になっていると考え方を変

えれば、なんだか愛《いと》しく思えてこないでしょうか？

「人に頼るのは格好悪い」「人に迷惑をかけるかも」と思うこともあるかもしれません。手が回らなく苦しい思いをしている人は、ぜひ人を頼って欲しいのです。

ただ、ポイントはまずは自分が一通りやってみることです。やったこともないのに、「私はこれが苦手だから、これを人にお願いしよう」という方もいらっしゃいますが、それはお勧めできません。

というのも、一度もやったこともないと委任していることの大変さやその価値がわかりませんよね。すると、そのことに感謝できなくなるでしょう。結果として、委任している相手とトラブルになってしまいやすくなります。加えて、自分が一度やっていると「どういう風にしたら効率的か」や「こういった失敗があったから、次はこうしないと」など、どの業務を振り分けたり、委託したらいいかがわかります。

ですから、最初から人に頼るのはあまりよくありません。それは単に自分が挑戦したり、努力するのを避けているだけです。ひいては、自分が成長する機会や人として優しくなれる機会を逸しているでしょう。人に頼むことが、あなた自身の人生の糧にもなります。さらには、その方々のためにももっと頑張ろうといった仕事の意識も変わることでしょう。結果として、ビジネスの結果も変わってくるはずです。

手が回らなく苦しい思いをしている人はもちろん、順調に行っている人も次のフェーズにいくためにもぜひこうした点を意識してみてください。なお、そうした喜びや好意につけ込んで、相手の時間や労力を奪うのはいけません。正当な対価や評価をお支払いすることで、より良い関係が築けていくことを目指していきましょう。

9・サブスクリプション（継続課金システム）を作る〈上級〉

「第4章　5・継続課金してもらうシステム」でも少し触れましたが、この上級クラスになるとたくさんリピーターさんもいらっしゃると思います。

おそらく、これまで一生懸命、新規開拓やリピーターを作るために精進されてきたことでしょう。そのうえで、できるだけ効率化するようなシステムを作っていかれると、今後の占い師人生において、とても安定してきます。

というのも、単発の鑑定のみですと、どうしても売り上げの浮き沈みがあります。繁忙期では、通常の月の3倍の売上になったり。一方、閑散期には通常の売上の3分の1以下になったりと、いろいろと個人事業主は不安定さがつきものです。それを踏まえると、やはり解決策としては毎月お支払いいただけるような商品・サービスをご自身のビジネスに取り入れていただき、継続課金としてシステム化することをお勧めします。

近年、こうした継続課金のことはサブスクリプション……いわゆる「サブスク」と呼ばれたりもしますから、ご存知の方も多いことでしょう。さまざまな形のサブスクリプションのモデルがあると思いますので、ご自身でも調べてみてください。

具体的には、

・毎月鑑定してもらうシステム
・占いを学ぶシステム

などが挙げられるでしょう。ぜひ、たった一つのあなただけのサービスを作ってみてください。売上が安定してくると、心も安定していきますし、次の施策も考えやすくなります。

もちろん、不安定なほうがモチベーションが上がる性格の方もいらっしゃると思いますので、そういった方はサブスクリプションは必要ないかもしれません。

こうした施策を取り入れることで、私は繁忙期や閑散期の垣根が少なくなったように感じます。さらに、継続的にお金をお支払いされる方は、さらにまた他の商品・サービスなども購入される傾向があります。そうした点は魅力でしょう。

とはいえ、11月から2月の期間は、占い師的に繁忙期になりやすい傾向があります。ですが、私はもうこの繁忙期になると、新規の方の受付を停止するくらい毎月の既存のお客様で満席になるといったありがたい現象が起きております。

こうしたサブスクリプションモデルの良さは、お客様と毎月や2カ月に1回などお話する接点が生まれることです。こうした機会によってさらに深い絆を構築できます。

こうした頻回なコミュニケーションは関係構築の面だけでなく、占い師の精神衛生上もいいと思います。というのも、新しい方は時間をかけてお悩みを理解したり、特別な配慮がいるものです。なので、精神的にも疲れてしまう傾向があります。

一方、毎月のお客様は悩みはもちろんのこと、性格などもよくわかっていますから、精神的にも負担なく、関係性を続けていくことができます。どうしてもお客様のお悩みに影響されやすい仕事であることを自覚することが必要です。

また、これから人生は100年時代になってくると言われています。オンラインサロンのような「占いが好きな仲間のコミュニティー」を構築しておくと、心の拠り所ができますよね。結果、孤独になる人の心を救うことにもつながります。

私もオンラインサロンを作って思うのですが、占いのようなニッチな趣味趣向の人たちほど関係者同士の絆も深まります。というのも、人格、年齢、住まい、職業関係なく、本当の自分を表現できる場所はなかなかないですよね。

ぜひ、このオンラインサロンは、自分の利益だけでなく、メンバーの方の利益、ひいては心から安心でき、信頼できるつながりを築く手伝いにもなりますので、ぜひまだ作っていない方は、最初の一歩で作られてみてください。

10・動画コンテンツを作る

さて、こちらの上級クラスになってくると、

・配信活動
・日々お客様の鑑定
・占い講座

などでいろいろと手一杯になってくると思います。ここからは、すべて経験した上級コースならではの多くの方に効率的に価値提供する方法をお伝えしていきます。

それは、デジタルコンテンツの販売です。デジタルコンテンツとはテキスト、音声、動画といった形式でお客様にオンライン上で商品提供することです。こうしたデジタルコン

テンツのメリットは書籍、CD、DVDといった媒体を通しての提供ではないので、提供コストが下がるうえに、お客さんへの提供がスムーズな面です。

また、何らかの誤字脱字といったミスがあった場合や内容が古くなったり、変えたいところがあれば、再アップロードしたり、再提供することができることです。先ほどのような媒体ではどうしてもそうした点は難しいでしょう。

なかでもオススメなのは「動画コンテンツ」です。特に私は動画講座として提供する形式が占い師に相性がいいのではないかと思います。

もしかすると、はじめから動画講座を作ったほうがいいのでは？ と思われる方もいるかもしれません。ですが、すべてのプロセスを経験された後に取り組まれることをお勧めします。

というのも、単にネット上に動画講座を置いただけでは売れないからです。

もちろん、YouTubeといった動画プラットフォームで有料のコンテンツとして販売したり、Udemyのような学びたい人が集まるオンラインのマーケットプレイスで商品を並べれば売れることがあるかもしれません。

ただ、そうしたところで動画をコンテンツ販売すると、手数料が多くかかったりしますし、他の占い師さんのコンテンツと比較されたりし、結果として価格競争になってしまうこともあります。

そうした影響を避ける意図でしたり、あなたのことを信頼してもらい、動画コンテンツの価値を感じてもらうためには、ＬＩＮＥやメルマガといった媒体で関係性を築いたり、価値を教育していく必要があります。

となると、ＬＩＮＥ公式アカウントやメルマガのリストが集まっていなければ、せっかく優れた動画講座を作ったとして、高く買ってもらえないことは察しがいいあなたならお分かりいただけるのではないかと思います。

ですから、一定のプロセスを踏まれてから制作し、提供することをおすすめします。

ちなみに、理想のリスト数は５００〜１０００リストくらいです。ＬＩＮＥ公式やメルマガの読者さんがそのくらいの規模になるくらい集め、日頃から関係性を築き、コンテンツを魅力的に伝えていたら、動画講座を販売するといいでしょう。

最低限、こうしたプロセスを踏んでいないと先ほどのプラットフォームやマーケットプレイスに出さない限り、動画講座の販売は難しいでしょう。結果として、たくさん労力をかけたのにまったく売れないなんてことが起きてしまいます。

なので、まずやるべきことはお客様リストを獲得することです。

ところで、こうした動画講座を作るときのコツは、あなた自身が人に教えたことがある内容がいいでしょう。できれば、もうすでに数十名の方に教えているような内容が良いと思われます。

というのも、あまり人に教えたことがないような内容は、お客様から質問やフィードバックがないためどうしてもクオリティが高くありません。となると、お客様はガッカリするでしょうし、場合によってはクレームになったりするでしょう。

ですから、一定数教えた経験があり、その教えた人からも満足も得られている……そんな内容を動画にすべきでしょう。何よりそうした内容のほうが自信を持って伝えられるものです。ぜひ、制作の際には意識されるべき点でしょう。

とはいえ、どんな内容を動画講座として提供すればいいのか？

価格や時間はどうしたらいいのか？　といった疑問を持たれているかもしれません。ですので、ここからは参考にしていただくために私の事例をご紹介したいと思います。

『日盤吉方マスタークラス』

こちらの動画講座は、九星気学の考え方をベースにし、日々のいい方角を知り、幸運を貯金をするやり方を教える講座です。九星気学上の自分の星（９つ）も分かるＰＤＦも配

布していて、九星気学の入門編となります。

価格としては、定価２万円で提供し、期間限定価格として２、９５０円で提供しています。ちなみに、価格設定についてお話しましょう。ちなみに、この価格については、動画講座の全体像を意識することが必要になります。いうなれば、初級、中級、上級のような階段のようなラインナップを想定することです。

つまり、講座の内容がより充実していくごとに価格も上がっていく形です。そのうえで、一番はじめはお客さんが買い求めやすい価格設定の動画講座を作ります。（一般的にこうした価格設定の商品をフロントエンド商品と呼んだりします。）

ただ、フロントエンド商品で注意したいのは、低価格だからと言って低品質な内容になってしまわないことです。ちょっと想像してみてください。最初

のコンテンツが期待値よりも低い内容だったら、きっとお客さんはガッカリすることでしょう。

となると、後続のラインナップの動画講座に対して期待してくれるでしょうか？　きっとそうではないはずです。ですから、ここで押さえておきたいのは「低価格なのにこんないい内容なの？」と驚かれるような質を提供することです。

価格について、話を戻すと目安として数百円～数千円くらいが妥当でしょう。動画の時間は1本あたり10～15分。これはお客様の集中力や学習しやすさに対して配慮したものになります。こちらを5～10本の1講座として提供しています。

その後、バックエンド商品として『九星気学風水マスタークラス』という動画講座を提供しています。定価は20万円。これを期間限定価格の2万9500円として販売しています。こちらの講座内容は、九星気学の基礎を全部マスターできる内容になっています。ご理解すると、鑑定もできるようになる内容です。

ご感想の中には「同じ内容を50万円かけて学びました」といったお声もいただいたくらい、結構深い内容を織り込んでます。構成としては１本あたり10～15分の動画を45本の動画セットとして販売しています。

ここまでご説明したとおり、フロントエンド以降の価格については、数万円から20万円くらいの価格帯がいいと思います。

さて、ここまで読まれたとおり、フロントエンド・バックエンドの商品も定価で見ると、とても高い値段に設定していると感じたことでしょう。実はここもポイントになります。

一つは、そのような価値がある商品だと思ってもらえること。

もう一つは、期間限定のセール・キャンペーンとして販売することで、お客さんが行動するべき理由になることです。例えば、「○月○日まで先ほどの価格だが、過ぎると元の価格になってしまう」となると、期間内で行動することがお得になりますよね。

一方、この定価だけの価格での問題点はこうしたお客さんが今すぐ行動すべき理由が設定しにくいことです。もちろん、価格ではなく何か特典を付けて行動を促すという手もないことはありませんが、売るのが難しくなってしまいます。

以上を踏まえて、あなたらしい動画講座、そのラインナップを考えてみてくださいね。

さて、ここまでの内容を踏まえ、動画講座を作り、商品も売れたとします。では、どのように動画講座をお客様にご提供すればいいでしょうか？

まず、私の動画講座の提供方法からお伝えしましょう。現在、私は海外のツールを使っています。こちらのツールは決済、動画を視聴できる会員サイトのＩＤとパスワードの案内、その後のフォローを自動で行ってくれます。もちろん、最初にさまざまなことを設定する必要があります。ですが、以降は自動的に動画講座の提供もしてくれますから、個人でされている占い師にとっては大変ありがたいツールではないかと思います。

改めて、こうした動画講座の意義をお伝えすると、動画はまさに自分の分身を作るようなものです。これまではセミナールームやｚｏｏｍなどで一人一人に講座として内容を提供されていたと思います。しかし、これではどうしても限界があります。

ですが、動画であれば部屋を借りる手間や経費がかかりません。さらにはその動画が自分の代わりに働いてくれるわけです。そう、時間や労力を減らしてくれるのです。上級にいる忙しい占い師ほどこうした提供を検討しない手はありません。

また、お客様の立場からすれば、いつでもどこでも何回も学ぶことができることはとてもありがたいことです。本来であれば、講座を学ぶにも遠方であれば交通費がかかりますし、お子さんがいる方は気軽に受けられないでしょう。そうした方々に安価で充実した学習機会を提供することはとても意義あることだと私は考えます。

とはいえ、こうした動画講座を制作し販売して気づいたことは、多くの方がコンテンツを購入しただけで満足しているケースが多いことです。もちろん、すぐに勉強できるような状況ではないこともあるでしょう。

ですが、やはりお支払いしていただいてますから、適宜フォローの連絡を送ったり、フォローアップの講座、実践するためのコミュニティづくりなども必要でしょう。結果として、そうしたところから売上が立つこともあります。

ただ、やはり動画講座の制作はそれなりの時間や労力がかかります。企画、収録、編集などだけでもとても大変なものです。実際、私は先ほどの二つの動画講座を作るのに約4カ月ほど期間を要しました。

ですが、提供してみると、多くの方から喜びや感謝のご感想をいただけたりするものです。そうした面で制作したり、販売することにやりがいを感じていただけるかと思います。

ぜひ、あなたも挑戦してみてください。

11・セールスファネルを作り自動的に売上を増やす

前の項目では「動画講座を作りましょう」というテーマで解説をさせていただきました。動画講座を作ることのメリット、さらにはその具体的な方法についてお分かりいただけたでしょうか。

こちらではもう少しレベルアップした内容をお伝えしていきます。それは、少し難しいかもしれませんが、『セールスファネル』と呼ばれる考え方です。ファネルとは、日本語でいうと「漏斗（ろうと、じょうご）」です。

例えば、焙煎したコーヒー豆の上にお湯をかけて、コーヒーを作ったりしますよね。その際、逆の形をした円錐の道具を使われると思います。他にも入口が絞ってある容器に液体を入れる際にもそうした道具が使われるでしょう。

まさに、こうした道具のような働きをＷｅｂで実現しようとしているのが、ファネルだと考えてください。つまり、広く見込みとなるお客さんを集め、段階を経るごとに、より高額な商品を購入してもらう流れを構築することです。

例えば、広告からの流れだと次のようなプロセスになります。

まさに、こちらの図のイメージがファネル（漏斗）になります。Ｗｅｂに苦手意識がある方は少し難しい言葉が続いたかもしれません。それぞれを簡単にですが、ご説明しましょう。

ランディングページとは、広告で流すＷｅｂページのことになります。広告や検索結果などからはじめにランディング（着陸）することからランディングページと呼ばれています。ただ、Ｗｅｂマーケティングで使われるランディングページは広告を見たユーザーにＬＩＮＥ公式アカウントやメルマガなどの登録を促したり、安価な商品・サービスを購入してもらったりなどの何かしらの行動を目的としています。

セールスファネル図

次のサンクスページとはサンクス（thanks）という英語の通り、そうした行動を起こした後にお礼を伝えるページです。もちろん、ここで申し込んでくれたことに対して感謝も伝えること。これも一つの役割です。

もう一つの役割は商品の販売です。その際のポイントとして、商品・サービスのお得な購入条件をご提案します。いわゆる、オファーと呼ばれるものの提供です。

ちなみに、このように申し込み後に、１回限りのいい条件を提案することを「ワンタイムオファー」と言います。このワンタイムオファーのポイントは相手が抵抗できないような魅力的な条件を提示することです。

もしもこの条件に興味がある人はその後の魅力的な条件を提示されている商品ページに遷移します。ここではその商品・サービスがいかに相手の問題や悩みなどを解決してくれるのかなどを、わかりやすくまとめてあるページになります。

そして、購入したいと思ったユーザーは購入のための必要事項を入力してもらいます。これが決済ページです。さらに入力事項を整理した購入確認ページに移動し、成約に至ります。

ちなみに、こうしたページにクレジット決済ができる仕様だとまさに自動的に売上が上がるようになります。このように商品・サービスを欲してもらい、その後の流れにおいて、相手が迷わないよう導くプロセスがファネルなのです。

ここでは、私が実際に運用している広告後のファネルの例についてご紹介しましょう。

【実際のファネル事例】

①Ｗｅｂ広告上で『九星気学はじめてガイドＰＤＦ』を配布。

※広告や広告画像などは後の項目で解説します。

②その後、広告をクリックしたユーザーに対してランディングページを表示し、無料登録を促します。

③登録してくれた方にはサンクスページと商品案内ページの両方の機能が1枚になったページを表示させ、そこで先ほどご紹介した動画講座『日盤吉方マスタークラス』を７日間限定の特別オファーとして２９５０円を提案します。

④その後、それを欲しいと思ったユーザーには決済ページに誘導し、クレジットカードによる決済をご提案します。

⑤決済後、内容の確認とお礼を含めた自動返信メールを送ります。さらに、そのメールの中に会員サイトのＵＲＬをお知らせし、ＩＤとパスワードを付与します。こうすることで、決済ともに即時に商品提供ができるようになります。

⑥ちなみに『日盤吉方マスタークラス』を購入してもらうと、さらにサンクスページ兼商品案内ページを表示させせます。

そこで、先ほどご紹介した動画講座『九星気学風水マスタークラス』をさらに7日間限定のオファーとして2万9500円をセールスビデオで販売するのです。

※ちなみに、『日盤吉方マスタークラス』と『九星気学風水マスタークラス』のサンクスページ兼商品案内ページにはセールスビデオと呼ばれるプレゼンテーション動画を組み込み、販売力を高めています。

⑦その後、5日間フォローメールを毎朝8時に配信。

といった広告後のファネルを構築し、運用しています。ちなみに、7日間限定としているのは動画講座の項目でお伝えしたようにお客さんに対して今買うべき理由を作っているのです。逆にこうした今すぐ買うべき理由がないと商品は売れづらくなってしまいます。

ところで、「九星気学はじめてガイドPDF」だけを持っている方、PDFと「日盤吉方マスタークラス」を持っている方とそれぞれお客さんの状況が違っていますよね。

それについては、それぞれのお客さんに合わせたメールを設定し、日ごとに分けてフォローし、販売を促しています。こうしたステップメールと呼ばれる仕組みもファネルの一つです。こうしたファネルを取り入れることで自動的に継続収入が入るシステムとなっているのです。ちなみに、動画講座でもお伝えしましたが、こちらの一連の仕組みは私は海外のツールを使って、構築しています。

気になる方は左上のＱＲコードより見てみてください。

（タイマー機能は別のツールを使ってます）

やはり米国では、こういったマーケティングが日本よりも5年から10年先を行っており、こうしたＷｅｂマーケティングの考え方を実現しやすいツールが揃っています。

例えば……

・ランディングページ
・ステップメール
・メルマガ配信
（メルマガ配信もセグメント分けして送信することができます）
・Paypal & Stripe 決済システムの連携

(一つの商品にいくつもの決済リンクを作ることができる)
・動画講座の提供システム
・ポットキャスト配信機能
・海外ならではの『メルマガ』『ランディングページ』などのおしゃれなテンプレート
——などなど。日本の場合だと、こうした一連の機能を一つのツールで提供してくれる会社さんがなかなかなかなかったりします。


ただ、米国の会社のツールであるため英語で大変ではあったのですが、今だとGoogleの機能で簡単に翻訳してくれるので、私たちがスムーズに扱えるようになってきています。

こうしたツールが使いこなせるようになると、すべて自動で行ってくれるので、動画講座に関しては放ったらかしにしていても継続的に売上が上がっていく仕組みを作り上げることができます。

ただ、こうした海外ツールはサブスクリプションが多いので月額の使用料が発生します。ですが、提供している動画のようなデジタルコンテンツは原価がほとんどかかりませんから、売れば売るほど利益をもたらしてくれます。

なので、もしもこうした海外のツールにご興味を持たれた場合は、一度、ご自身で動画講座を一通り制作されてからご契約されたほうが安く済むと思います。ただ、こちらはかなり難易度が高い内容であることをご理解されておいてください。

12・有料広告でリストを集める

突然ですが、あなたは集客のタイプが３つあることをご存知ですか？　いったん、ここでの「集客」とはお客さんを集め、販売までのことを定義したものと考えてください。ところで、「集客」という言葉を聞くと「ＳＮＳ」での集客が真っ先に頭に浮かぶかもしれません。ですが、他の集客方法について知っておくと、もっと幅広い選択肢が取れます。ぜひ参考にされてくださいね。

①無料集客（結果をコントロールできないタイプ）

一般的に知られているのが、ＳＮＳやブログなどを使って、集客する方法です。ご存知の通り、こうした集客方法は費用がかかりません。

ただ、そうした理由で参入する人も多いもの。つまり、競合も多いです。そんな競合ひしめく中からあなたのことを知ってもらうだけでも一苦労であることはきっとご理解いただけることでしょう。

加えて、魅力ある投稿や配信を継続することの重要性もこれまでお伝えしてきた通りです。そうしたコンテンツ提供ができないと、集客が安定しない点はデメリットでしょう。もちろん、SNSの投稿や記事がバズる（いろんな人にシェアされる）と、あなたのことを認知してもらえ、集客につながるかもしれません。ただ、そうしたことは運の要素が強いもの。良い悪いの波があり、不安定になりやすいものです。

当然、そうしたシェアされやすいコンテンツづくりを意識することも大切ではありますが、それが必ずしも結果に結びつくとは限りません。やはり、こうした無料集客は結果をコントロールできないことを理解しておくべきでしょう。

②自分のお客様リスト集客（いつでも好きなとき連絡が送れる）

では、結果をコントロールできるものはあるのか？　その答えはイエスであり、二通りあります。一つは自分のお客様リストからの集客です。

例えば、オンラインだとLINE公式アカウント、メルマガの読者。オフラインだとその方の住所を知っている状態（郵便が送れる）になります。つまり、デジタル・アナログに関わらず、いつでも連絡が取れる状態にある方々です。これこそが「お客様リスト」であり、あなたにとって最も収益が上がりやすい集客方法になります。というのも、あなたのことを知っていて、気に入っていて、信頼している度合いが高いからです。

端的に言えば、このお客様リストが多ければ多いほど売上が上がりやすくなります。ですが、このリストを増やすのにはどうしても時間や労力がかかることはこれまでお伝えした通りです。

オススメはＬＩＮＥ公式アカウント、メルマガ、住所……この３つをやることです。

今のご時世、メルマガなんて読む人なんているのか？　そう思うかもしれません。逆説的かもしれませんが、そんな不便なメールをしっかり読み込んでくれる方は悩みや学びへの意識が高い方々だからです。

というのも、ＬＩＮＥで長文の連絡が来たらうんざりしますよね？　もちろん、ＵＲＬなどを貼ってブログやＳＮＳなどに誘導すればいいですが、ＬＩＮＥそれ自体は長文を読む媒体ではないのです。となると、伝えられる情報量も減ってしまいます。

しかし、メールに関しては長文でも読んでしまうものです。もちろん、面白くない内容が長文で届けば、うんざりしますが、きちんと価値ある内容を伝えれば、相手は読んでくれるものです。

ですから、LINEよりもメルマガ読者のほうがお金を払ってくれることもあるのです。加えて、LINEに関しては頻繁な仕様変更が行われており、長期的には利用料が高額化することもあるでしょう。つまり、将来的なリスクがあるわけです。そこに過度に依存している状態は問題があるでしょう。

最後に住所に関しては、何らかのミスでアカウントのデータが消えてしまった場合の保険になります。さらに、埋もれやすいオンラインの連絡・通知の中で、気づいてもらえやすい特徴があります。ぜひ、こうした点を踏まえてお客様リストを構築されることをおすすめします。

③有料集客（コントロールできるタイプ）

こちらの方法はほとんどの方がやらない集客方法かもしれません。それが有料集客です。先ほどお伝えした無料集客ではどうしても結果が安定しないことが問題として挙げられます。

かといって、自分もお客様リストもまだまだないという場合もあるでしょう。

そんな場合はGoogle、Yahoo! といった検索媒体。あるいはFacebook、Instagram などのSNSのプラットフォームに広告を流すことです。これが有料集客です。

有料という言葉の通り、費用がかさむのがデメリットではありますが、広告費をかけている間は、あなたがお仕事している間も寝ている間も、雨の日も雪の日もあなたが知って欲しい情報をお客様へ届けてくれるのです。となると、広告費に対して何件リストが増えたかなどが計算できるようになります。

ちなみに、少し難しい言葉になりますが、こうした概念をＣＰＡ（Cost per Acquisition）と呼びます。ＣＰＡとは１件や顧客を獲得するために、どの程度の広告費用がかかったのかを考える指標です。

例えば、お客様リストに入ってもらうのに１件１万円かかった広告と１件５０００円かかった広告があるとします。となると、後者のほうが１件あたりの単価が安いため、後者の広告のほうがいいとなります。

さらには、いくら広告費をかけると何人のお客様リストを増やすことができるのか？が想定できるようになります。ですので、こうした点が無料の集客と比べて、結果のコントロールができます。

まさに、こうした有料のＷｅｂ広告を使いこなせるようになると、あなた専用の営業マンを雇うようなものです。私はこうした有料集客を効果的に使い、よりたくさんのお客様リストを集めることができ、売上が継続かつ自動的に上がるようになっています。

ですから、結果を安定させたいと考えている上級クラスの占い師さんは無料集客はもちろん取り組まれていると思いますが、この有料広告を取り入れることをオススメします。実際、ｍｅｔａ広告などは1日１００円台からかけることが可能です。ですので、自分が参入しやすい金額から始めて、あなたのお客様リストを集めていってください。

また、よくある間違いはＷｅｂ広告上でいきなり単価の高い商品・サービスを販売しようとすることです。当然ですが、これはお客さんにとって心理的なハードルが高いものです。ですので、ポイントは無料もしくは１００～５００円の商材をきっかけにお客様リストに入ってもらうことです。実際、私は広告上で無料のＰＤＦなどを配っています。まずはお客様に体験をしていただいて、その後にあなたの動画講座等を売るといった流れのほうが商品は売れやすくなります。

そして、よくあるお悩みが、

「広告を流したのだけど1件も鑑定のお申し込みがない、商品が売れない」

ということです。その原因は、ケースバイケースなのですが、そもそもの問題は「広告を流せば売上が増える」と軽く考えていることが多いです。かくゆう私も、かつてはそうでした。というのも、広告を出してみようと、ネット記事やYouTubeなどでやり方を調べてその通りに実際に広告を流してみたんです。しかし、まったく問い合わせもなく、商

品も1個も売れませんでした。

そう、大切なお金をドブに捨ててしまったんですね。そこから、実際にＷｅｂ広告で結果を出している師匠に教わり、うまく行っているやり方を真似しました。その結果、ｍｅｔａ広告（Facebook、Instagram広告）でお客さんを集めたいページへのアクセスを増やし「毎月勝手に商品が売れていく状態」を実現することができるようになりました。

こうしたことを理解していくと、もっと早くこのやり方に出会えればよかったのに……心の底から思ったのを今でも思い出します。ですが、あのときの痛い出費がそうした行動につながったわけです。

もちろん、有料広告に対して抵抗感や不安や心配がある気持ちもとてもよくわかります。ですが、忙しい状況を変えたり、もっと安定したいと上級クラスの占い師さんほど取り組んで欲しいものです。

ところで、広告で結果を出すには、

・反応のある広告文や広告画像の事例を教わること
・最適な広告の配信方法を教えてもらうこと

——も、もちろん必要です。

しかし、もっとも重要なのは、広告をクリック後の仕組みです。これこそが先ほどの項でお伝えしたセールスファネルです。こうした「いつの間にか商品を買ってしまう仕組み」を広告後の流れで構築できたのが、やはり功を奏したと思っています。

というのも、広告によっていくらユーザーを上手に惹きつけても、その後の流れで上手に販売できなければ意味がありません。反対に上手に販売できるようであれば、広告費を回収しながら、ビジネスを展開できるのです。

ここまでしっかり読んでくださっている勉強熱心なあなたも、もしかすると「ちょっと広告を流すのは怖い。まずはＳＮＳで無料で集客します」と思っているかもしれません。

ただ、こうした有料の集客法とその後のファネル構築。さらには購入後の自動的な商品提供の仕組みは目が回るほど忙しい上級クラスの占い師であればこそ、取り入れて欲しいと思います。

もしかすると、今は無料集客がうまくいってる場合もあるでしょう。しかし、5年後、10年後を見据えた際にどうでしょうか？　結婚、離婚、妊娠、出産、病気になったりなど人生の変化があるかもしれません。

ですがその際、一連の仕組み化ができて、安定的に成長する仕組みがあればどうでしょうか？　場合によっては専任者を雇うことだってできます。育児にも専念できますし、旅行しながら……なんてスタイルも実現できるでしょう。

しかし、それがなければ、頑張ってＳＮＳ投稿したり、クチコミや紹介に依存することになります。あるいは、社会、会社、家族、自分の変化に翻弄されてしまうでしょう。ぜひ、上級クラスの占い師さんほど意識されてみてください。

また、昨今のＷｅｂ広告はＡＩが進展している分野でもあります。きちんと設定していれば、ＡＩが自動的にあなたのお客さんになりそうな相手に対して上手に広告を出してくれるようになっているので、今は特に恵まれていると言えるでしょう。

ただ、どうしても専門的な分野でもありますので、Ｗｅｂ広告のプロに運用の仕方を教えてもらって、相談されてください。ぜひ、私のような失敗はせずに、しっかりと生きたお金の使い方をして欲しいと思います。

ただ私のほうでも、こうしたＷｅｂ広告の運用の仕方、その後のファネルの構築、海外ツールを駆使した購入後の自動的な商品提供の仕組みなどはお教えできます。もしもご興味がある方は、末尾に載せておりますメルマガやＬＩＮＥ公式アカウントからお問い合わせください。

あとがき

このたびは、本書を手に取っていただき、本当にありがとうございました。

処女作である『毎月7万円！　普通の人が副業で「占い師」になる法』を出版するときに、私が切に願っていたことは「占い師の地位を上げること」でした。

前著を出版する際には、まだまだそんなことは夢のようなお話と思っていましたが、昨今のコロナ禍により、占い師が登場する番組等は、高視聴率を保っており、占い師が芸能人のように人気が出る時代に入ってきました。

私はこれまで占い師をしていて、たくさんの方に、

「占いで生活できるの？」

と言われてきました。そんなことを言われるたびに、悲しくも悔しい気持ちにもなったことを今でも覚えています。おそらくこれは私だけでなく本書を手に取られたあなたも経験があることでしょう。

とはいえ、実際、占い師という仕事だけで生計を立てられないという方も多くいることもまた事実です。結果として「占い師」という素晴らしいお仕事を志したのに、辞めてい

く方もいます。

そんな過去の私のような感情や気持ちを持って欲しくない。または、せっかく占い師の魅力や可能性に気づいたのに辞めざるを得ない状況を減らしたい。そんな思いを一心にここまで活動してきました。

結果として、占い師としてお客様の悩みを和らげ、感謝されるようになりました。また、多くの占い師の方の成長や倖せになる機会に携わり、ともに喜べるようにもなっています。とはいえ、まだまだ一般のお客様だけではなく、占い師として生計を立てていきたいと考えるお客様の方々を一人でも成功に導く……その道の真っ只中です。

「与える人が与えられる人になる」

この言葉は本当に大事な言葉だなと思っております。お金をいただくことや人から感謝されることの裏には、必ず自分が人を喜ばせてあげることが根底にあります。

結果として、それができる人はお金に困らない人生、そして人に愛される人生を歩むことができるというのを改めて実体験として経験してきました。

ですので、本書ではもちろん、集客方法のテクニック的なことにも触れていますが、一番は根底に自分がお金をもらうことより、まずは相手に喜びを与えること、悩みを和らげてあげることを一番に考えてくださいね。

その心がブレなければ、あなたはずっと倖せな人生を歩むことができるはずです。

そして、最後に本書を出版するにあたり、たくさんの方に支えてもらい、この本を出版することができました。

まず、いつも私と関わってくださっているお客様。SNSやLINE公式アカウント、メルマガでつながってくださっているフォロワーの方々。

いつも日ごろから心の支えになってくれている、主人。この本を執筆するにあたり、拙い文章を素晴らしい文章に添削してくれたくださった大川泰史さん。

この出版を叶えてくださった古市達彦さん。そして、出版のチャンスの元となった著者リンピックのメンバーの皆様。この方々誰一人として欠けていれば、私のこの出版はなかったかもしれません。この場を借り深く深くお礼申し上げます。そしてこの本を手に取ってくださったあなたに心よりご縁に感謝いたします。

西彰子

★公式ページ一覧

▼ＬＩＮＥ公式アカウント（Feliceacco）

▼メルマガ

▼インスタグラム

▼オンラインサロン（Acco Fortune-telling academy）

▼ホームページ&ブログ

【著者略歴】

西 彰子（にし・あきこ、占い師 Acco《あっこ》）

福岡県生まれ、福岡県在住。

占い師、占い講師、占い師コンサルタント。

大学卒業後、某自動車会社のディーラーで８年半に亘り、営業ウーマンとして働くなかで離婚、退職、病気など、人生が試練であふれる瞬間に直面し、その厳しさを実感する。

この苦難の中から、自身の悩みを占いによって克服。そして、自分と似たような困難に立ち向かう人々を助けたいという情熱から、2015年、占い師へ転身。

前書『毎月７万円！普通の人が副業で「占い師」になる法』（同文館出版）は、占い師として成功を夢見る多くの人々に道を示す一冊になった。

また、Instagramは1.3万人以上のフォロワーで、SNSを駆使し、従来の占い師の枠にとらわれず、自由なスタイルで仕事をし、好きな場所、時間で好きな人々と倖せな占い師ライフを実現し、新しい占い師のスタイルを広めている。

これまで、のべ200名以上の生徒を指導し、占い講座や占い師のマーケティング講座を通じて、過去の試練から得た知識と経験を活かし、人々に新たな可能性と成功への道を具現化するために日々全力奮闘中。

自身の人生を変えるとともに、他の人々にも希望と倖せをもたらすために、情熱を燃やし続けている。

オンライン占いで成功する法
初版　1刷発行　●2023年　10月　31日

著 者
西 彰子
発行者
薗部 良徳
発行所
㈱産学社
〒101-0051 東京都千代田区神田神保町3-10　宝栄ビル
Tel.03（6272）9313　Fax.03（3515）3660
http://sangakusha.jp/
印刷所
㈱ティーケー出版印刷

ISBN978-4-7825-3587-5 C2034